한손엔 공자
한손엔 황제

• 일러두기 •

— 이 글은 「민족의 역사를 시간화하는 방식의 의미—공자기년孔子紀年과 황제기년黃帝紀年
을 중심으로」(『中國語文學論集』 第68號, 2011.6.30)를 골격으로 삼아, 내용을 심화·확장한
것이다.
— 책명은 『 』, 편명·기사는 「 」, 영화·TV프로그램·다큐멘터리는 〈 〉로 표시했다.
— 한자는 처음에 한 번 병기하는 것을 원칙으로 하되, 필요한 경우에는 중복 병기했다.
— 만청 시기 이후 인명은 중국어 발음으로 표기하고, 그 이전은 한국 한자음으로 표기했다.
— 지명은 중국어 발음으로 표기하되, 고대 문화유적지와 관련된 지명은 한국 한자음으로 표
기했다.

Arcade Project
아케이드 프로젝트 001

중국의 문화 굴기를 읽는다

한손엔 공자
한손엔 황제

이유진

글항아리

아케이드 프로젝트Arcade Project를 시작하며

아케이드 프로젝트는 한 편의 논문을 단행본 교양서로 펴내는 '원 페이퍼 원 북one paper one book' 시리즈다. 대개 논문 한 편은 그 분량이나 주제의 측면에서 한 권의 책에 미치지 못한다고 생각하는 것이 일반적이다. 하지만 아케이드 프로젝트는 그런 고정관념을 깨고 잘된 논문의 깊이 있고 첨예한 문제의식을 경량화한 그릇에 담아 시대를 해석하고 대중과 소통하는 일에 적극적으로 활용하고자 한다.

대학에 논문 중심의 업적평가제도가 자리잡으면서, 매해 수천 편의 논문이 다양한 지면을 통해 발표되고 있다. 석사 이상의 학위를 가진 많은 연구자가 매해 한 편 이상의 논문을 써내며 엄청난 논문이 재빠른 속도로 쌓여가고 있지만, 정작 논문 생산에 쏟아붓는 에너지의 극히 일부조차 그것이 읽히고 담론화되는 것에는 쓰이지 않는 실정이다. 오늘날 한 편의 논문은 학술대회에서의 발표와 토론, 학술지 심사위원과의 토론과 수정 등 생산 과정에서 주고받는 의견 교환을 제외하면 대중에게 거의 노출되지 않고, 한 사회의 지식담론에 기여하는 통로가 철저히 차단되어 있다.

국가 주도의 학술지원 시스템이 문제라는 얘기는 해마다 되풀이되고 있지만 정작 해결책은 쉽사리 찾아지지 않는다. 논문에 대한 질적 평가제도 구축, 논문을 쓰는 데 더 많은 시간이 투여되어야 한다는 등의 주문과 모색은 시간이 지나도 쉽사리 현실화되지 않고 있다. 더 본질적인 문제는 좋은 논문을 '쓴다'에만 시선을 기울이지 그것이 읽히고 공론화되는 문제는 전혀 논의조차 되지 못한다는 것이다.

오늘날 인문학 출판사들은 갈수록 어려운 글을 기피하는 대중과 양질의 인문서를 집필할 시간이 없는 저자들 사이에서 엉거주춤한 모양새를 취하고 있다. 한 사람의 저자가 하나의 주제를 깊이 있고 흥미롭게 파헤치는 책은 내기 힘들어지고, 여러 사람이 쓴 여러 관점의 글을 단순하게 묶어서 낼 수밖에 없는 현상이 되풀이되면서 학술 출판에 대한 대중의 외면과 출판인들 스스로의 자괴감은 깊어지고 있다. 국내 대부분의 인문학 출판사들은 국내 저자들의 저서를 통해 존립할 수 있는 자생력을 잃어가고 있으며 이는 번역서에 대한 심화된 의존과 몇몇 유명 저자에 대한 쏠림 현상을 빚고 있다.

상황이 이렇다보니 의미 있는 문제의식을 가진 잠재적 저자군은 논문 쓰기에 지쳐가고, 몇몇 유명 저자의 인기몰이를 지켜보면서 상대적 박탈감마저 느낀다. 인문학 출판사들 또한 저자 확보에 대한 과도한 경쟁과 대중의 유행에 맞게 인문학에 알록달록 옷을 갈아입히면서 스스로 문사철의 결기를 흩어놓곤 한다.

'아케이드 프로젝트'는 이런 시스템적 불협화음에서 작은 해결의 실마리를 찾아 인문학 부활을 시도하는 하나의 작은 노력이다. 학계의 주목할 만한 논문 한 편을 책 한 권에 담아 맛있게 내놓음으로써 학계와 독자 사이에 새로운 가교 역할을 해보고자 한다. 기존의 무겁고 어렵고 딱딱한 학술서 이미지를 탈피하고 가볍지만 날렵한 문제의식으로 유기적인 지식담론을 창출하고자 한다. 그럼으로써 논문 쓰기와 책 저술이 별개의 행위가 아니라는 인식을 널리 공유하고자 한다. 앞으로 '아케이드 프로젝트'가 고비용 저효율의 지식생산 시스템에 작은 스파크로 작용해 우리 사회 다양한 영역의 폭넓은 문제에 발 빠르게 대처하고 인문학의 동시대적 고민을 보다 집중력 있게 해나갈 수 있기를 기대한다.

글항아리 편집부

이 컬처코드를
직시하라

"중국은 앞으로 더 발전하더라도 영원히 패권을 추구하지 않겠
다."

2012년 7월 7일 베이징에서 세계평화포럼이 열렸다. 시진핑習近平
국가부주석은 개막연설에서 중국은 평화외교의 방침을 견지할 것
이라는 의지를 표명했다. 중국공산당 총서기와 국가주석에 내정되
어 있는, 바야흐로 13억 중국을 이끌고 갈 최고 지도자의 이 발언
은 중국의 '화평굴기'를 재천명한 것이다. 시진핑의 이 발언은 '중국
위협론'을 염두에 두고 있다. 2010년 중국이 GDP에 있어서 일본을
제치고 세계 2위의 경제대국으로 올라서면서 중국을 바라보는 세계
의 시선은 경계심으로 가득하다. 중국의 군사적 팽창주의, 주변 국
가와의 영토분쟁, 아프리카의 자원독점 등은 중국 위협론이 그저
중국을 견제하기 위한 음모론이 아님을 말해준다.

세계은행을 비롯한 주요 관련 기관의 예상에 따르면, 2020년경

중국의 경제 규모가 미국을 추월할 것이라고 한다. 중국은 공산당 창당 100주년인 2021년에 미국과 어깨를 나란히 하고, 건국 100주년인 2049년에는 세계 일등 국가가 되겠다는 야심찬 플랜을 세워놓고 있다. G2에서 G1으로의 도약이 과연 가능한지, 그리고 그것이 어떤 방식으로 이루어질지 세계가 주목하고 있다. 현재로서 분명한 것은, 중국의 위상이 높아지고 발언권이 강화되면서 중국과 미국의 협력 시스템인 '차이메리카Chimerica'가 균열 조짐을 보인다는 사실이다. 중국과 미국의 경쟁과 갈등은 '베이징 컨센서스'와 '워싱턴 컨센서스'에서도 찾아볼 수 있다. 2008년 미국 발 글로벌 금융위기로 신자유주의의 대명사인 워싱턴 컨센서스의 한계가 명확히 드러나면서, 베이징 컨센서스로 대변되는 중국식 발전 모델이 국제사회에서 영향력을 확대해가고 있다. 워싱턴 컨센서스와 베이징 컨센서스는 초강대국 미국과 이에 도전하는 중국 사이의 이념 전쟁이라고도 할 수 있다.

베이징 컨센서스는 경제뿐만 아니라 정치·사회·문화 전 분야에 걸쳐서 중국이 추구하고 있는 '중국식' 발전 모델을 의미하는 것이기도 하다. 즉 베이징 컨센서스의 확산은 중국적 가치와 규범의 확산과 연동되어 있다. 중국이 소프트파워 강화에 열을 올리는 까닭도 바로 여기에 있다. '중국적 가치와 규범의 확산'이라는 명제의 연원을 거슬러 올라가면, 중국의 뿌리 깊은 중화사상과 잇닿아 있음을 알 수 있다. 중국이 세계의 중심이자 최고라는 중화사상은, 중국의 역사적 경험을 통해 그들에게 각인되어 있는 컬처코드라고 할 수 있다. 이런 의미에서 차이나 스탠더드를 글로벌 스탠더드로 만들고자 하는 중국의 욕망은 '중화中華'라는 망탈리테의 발현으로 해석할 수 있다. 미국에 맞설 초강대국을 지향하고 있는 중국이, 국가통합의 이데올로기로 선택한 것이 바로 '중화 내셔널리즘'이다. "중화의 영광을 재현하자"는 슬로건은 G1을 향한 중국에 강력한 추동력을 제공하고 있다.

이 책에서 다루고 있는 공자와 황제는 중화 내셔널리즘의 핵심 자원이다. 중화 내셔널리즘의 근저에는, 최고最高이자 최고最古라는 중국 문명에 대한 자부심이 깔려 있다. 그리고 공자와 황제는 이를 대변하는 코드다. 2021년의 중국, 2049년의 중국을 전망하기 위해서는 이 코드를 제대로 읽어내야 한다. 건국 이후 30년과 개혁개방 이후 30년을 지나온 중국이 이제 새로운 30년을 펼쳐가고 있다. 계급투쟁과 경제발전이 각각 앞의 두 단계 30년의 모토였다면, 향후 30년의 모토는 '위대한 중화의 재현'일 것이다. 이를 위해서는 하드파워에 부합하는 소프트파워의 제고가 요구된다. 명실상부한 초강대국을 꿈꾸는 중국은 이제 문화강국이 되는 길을 걷고자 한다. 유교문화와 다원일체로서의 다민족문화가 문화강국으로서 중국의 핵심 자원이 될 것이다. 그리고 그 중심에 공자와 황제가 있다. 공교롭게도 공자와 황제는 그 속성상 중국 내부 구성원들이 의사擬似 혈연 관계를 통해 강고한 공동체 의식을 형성하도록 하는 역할을 한다. 앞의 두 단계 30년의 명분이 각각 '투쟁'과 '발전'이었다면, 지금 중국은 대내외적으로 '화해(조화·평화)'를 명분으로 내세우고 있다. 중국은 영원히 패권을 추구하지 않을 것이라는 말을 수도 없이 듣게 될 것이고, 그 한쪽에서는 영토분쟁과 역사분쟁과 자원분쟁이 끊이지 않을 것이다. 중국의 일방적인 영향력의 행사가 가능해진 오늘날, 중국이 과연 '화해'라는 명분을 어떻게 실천해나갈 것인지 지켜볼 일이다.

중국의 신화와 역사를 연구하는 터라 중국의 정체성이 주된 관심사다. 이에 자연스럽게 황제와 공자를 주목하게 되었다. 학술지에 실렸던 논문이 이렇게 단행본으로 나오게 된 덕분에 문제의식이 더욱 심화되고 내용도 훨씬 풍부해질 수 있었다. 책의 출간을 제의해준 글항아리에 감사드린다. 시의성 있는 학계의 연구 성과를 일반 대중에게 소개하겠다는 강성민 대표의 취지가 많은 분께 잘 전달되길 바란다.

2012년 8월
이유진

1. 100여 년 전의 꿈

1894년 청나라의 북양함대와 일본의 연합함대가 압록강 입구에서 맞붙었다. 결과는 북양함대의 참패로 끝났다. 청일전쟁 이후 러시아·독일·영국·일본·프랑스 등 제국주의 세력의 급속한 팽창으로 중국인들은 나라가 곧 조각조각 잘릴 것만 같은 과분瓜分의 공포를 느꼈다. 젊은 황제 광서제光緖帝는 중국을 크게 바꿔보려 했지만 그마저도 서태후西太后를 위시한 수구 세력에 의해 무참히 깨져 버렸다.

1898년 무술변법戊戌變法이 좌절된 이후, 무술변법의 주역 가운데 한 명이었던 량치차오梁啓超는 일본으로 건너갔다. 그리고 그곳에서 중국의 내셔널리즘 형성을 위한 글들을 쏟아냈다. 그에게 글쓰기란 구국救國의 일환이었던 것이다. 량치차오는 강한 중국을 열망했다.

EN CHINE
Le gâteau des Rois et... des Empereurs

만청晩淸 시기 프랑스에서 발행한 엽서.
열강이 중국을 조각조각 나누고 있는데도 청나라 관리는 그저 놀라 쳐다보고만 있다.

『신중국미래기新中國未來記』(1902)에서 그는 자신이 바라는 강한 중국의 미래상을 그려냈다. 공자孔子 강생降生 후 2513년(1962)을 묘사하고 있는 이 미래소설에서 중국은 유신維新 50주년을 경축하고 있다. 상하이에서는 박람회가 열려, 온갖 물품이 전시되고 곳곳에서 학술 강연이 펼쳐진다. 박람회장의 중앙을 차지한 강연은 경사京師대학교 문학과의 사학부에서 주관한다. 중국인의 애국심을 고무시키는 한편, 외국인들에게는 황제黃帝 자손의 발전사를 알리고자 30명이 넘는 이의 강연이 박람회장 중앙에서 펼쳐진다. 그 가운데 가장 인기 있는 강연은 쿵훙다오孔弘道의 '중국근육십년사中國近六十年史'이다. 76세인 쿵훙다오는 공자의 방계 후손으로, 전국교육회 회장이다. 그의 첫 강연이 열리던 날에는 2만 명이 넘는 사람이 왔고, 그 가운데에는 외국인도 1000명이 넘는다. 영국·미국·독일·프랑스·러시아·일본·필리핀·인도 등에서 온 이 외국인들은 어떻게 쿵훙다오의 중국어 강연 내용을 알아들었을까? 중국이 유신을 실시한 이후, 각종 학술이 급속히 발달하여 구미 각국에서 유학생들을 잇달아 중국에 파견했던 것이다. 량치차오는 이렇게 말한다. "이들은 자연스럽게 중국어를 알아들을 수 있게 되었으니, 중국의 제일가는 유학자가 강연한다는 소식을 듣고 어찌 와서 경청하지 않을 수 있겠는가?"

량치차오가 꿈꾸었던 1962년의 중국, 그 미래상은 1902년 중국의 현재상과는 너무나 간극이 컸다. 그는 10년 뒤인 1912년에 유신이 실시된다면, 그로부터 50년이 흐른 1962년에는 중국이 강국으로 세계 속에 우뚝 솟으리라는 꿈을 꾸었다. 공교롭게도 1912년에는 유신이 아닌 '혁명'으로 중화민국이 수립되었다. 그리고 50년이 흐른 1962년의 중화인민공화국은 량치차오가 꿈꾸던 중국의 미래상이 아니었다. 대약진운동의 실패로 먹고사는 것조차 힘겨웠다. 바로 그해 7월, 덩샤오핑鄧小平은 "노란 고양이든 검은 고양이든 쥐만 잘 잡으면 좋은 고양이"라는 쓰촨四川 속담을 인용하며 실용적 노선을 택했다. 뒤이어 간신히 회복되던 경제는 문화대혁명의 거센 파도 앞에서 다시 좌절되었다.

2. 굴기

굴기崛起. 1962년으로부터 다시 50년이 흐른 2012년 현재의 중국을 가장 잘 표현해주는 단어일 것이다. 100여 년 전 량치차오가 꿈꾸던 그대로 중국은 이제 그야말로 우뚝 솟아올랐다. 지금의 시점에서 앞서 말한 량치차오의 『신중국미래기』를 보면, 마치 예언서를

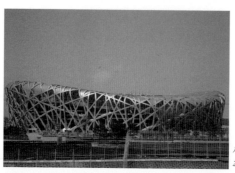

새둥지 모양의 베이징올림픽 주경기장

들여다보는 듯한 오싹함이 느껴진다. 현재 세계는 온갖 채널을 통해, 100여 년 전 서구와 일본에 힘없이 무너지고 말았던 이 거구의 나라가 눈부시게 부활하여 비상하는 광경을 목도하고 있다.

2008년 8월 8일 '새둥지' 모양의 주경기장에서 열린 베이징올림픽 개막식을 한마디로 말하자면, 중국이 세계의 주인공임을 선포하는 의식이었다. 공자의 3000명 제자가 펼친 장엄한 의식, 한자와 종이와 화약 등으로 끝없이 펼쳐진 콘텐츠들은 중국의 문화를 넘어 문명을 보여주었다. 그것은 자국의 문화와 문명에 대한 자부심 넘쳐나는 대서사시였다. 꼭 100년 전이던 1908년, 환등기를 통해 런던 올림픽을 지켜보던 중국인은 아련한 질문을 던졌다. "중국은 언제쯤 올림픽을 개최할 수 있을까?"라고.▪

2010년에는 량치차오가 예언했던 것처럼 정말로 상하이에서 박람회가 열렸다. 상하이엑스포의 중국관인 '동방지관東方之冠'은 '중화中華'의 부활을 상징했다. 69미터에 달하는 면류관 형태의 중국관이 20미터 남짓인 다른 나라들의 국가관을 내려다보는 모습은 그야말로 '팍스 시니카Pax Sinica'의 상징이었다. 상하이엑스포가 내건 주제는 '화해和諧(어울림·화목·조화)'였다. 인간과 자연, 인간과 인간, 정신과 물질의 화해. 물론 좋은 말이다. 하지만 이 화해의 삼각편대는, 중국의 뜻대로 세계질서를 재편하는 '팍스 시니카'를 전제로 한다

▪ 1990년대 초에 톈진시에서 『톈진체육지天津體育誌』를 편찬하기로 하면서 란펑아오蘭鳳翔가 많은 사람을 만나며 관련 자료를 수집했다. 그가 만난 90세 노인의 기억에 따르면, 1908년 톈진에서 열린 제6회 육상경기 폐막식에서 당시 거행되고 있던 제4회 런던올림픽 장면을 환등기로 방영했다는 것이다. 이 일이 있기 전에 난카이南開 대학의 한 학생이 올림픽과 관련해 세 가지 질문을 했고, 이것이 신문에 실리기도 했다. 다음이 그 세 가지 질문이다. "중국은 언제 올림픽에 선수를 파견할 수 있을 것인가? 중국은 언제 올림픽 금메달을 딸 수 있을 것인가? 중국은 언제 올림픽을 개최할 수 있을 것인가?"(『體專訪育史專家蘭鳳翔: 南開奧運三問懸疑解析』, 新郎網, 2007.9.20. http://sports.sina.com.cn) 이 세 가지 질문은 각각 1932년(LA올림픽), 1984년(LA올림픽), 2008년(베이징올림픽)에서 그 해답을 얻었다.

는 점을 염두에 두어야 한다. 말로는 부드러운 '화평和平굴기'를 내세웠지만 팍스 시니카가 평화 유지를 명분으로 약소국을 억눌러왔던 '팍스 브리태니카'나 '팍스 아메리카나'와 과연 어느 정도의 차별성을 보여줄지는 의문이다.

하늘을 찌르는 고층건물은 날로 늘어나고, 차이나머니는 세계경제를 좌지우지한다. 유인우주선과 달 탐사선을 성공적으로 발사한 데 이어 유인우주선과 우주정거장의 도킹에도 성공했다. 7000미터까지 잠수 가능한 심해 유인 잠수정과 항공모함까지 보유하고 있다. 핵 추진 항공모함도 자체 건조 중이다. 어느새 중국이 이렇게까지 앞서가게 되었단 말인가? 근대화의 속도 경쟁에서 뒤처지지 않으려고 전 세계가 『거울나라의 앨리스』에 나오는 앨리스처럼 열심히 뛰어오지 않았던가. 레드 퀸Red Queen이 앨리스에게 말한 것처럼 "제자리에 머물러 있으려면 온힘을 다해 뛰어야 하고, 다른 곳으로 가려면 두 배는 빨리 뛰어야" 했다. 그렇다면 중국은 대체 얼마나 빨리 달려왔단 말인가? 그 질주가 치러야 할 대가는 무엇일까? 상하이·베이징·시안 등의 대도시에서 고층건물이 하늘로 치솟는 규모의 토목공학이 실현되는 동안, 그것을 떠받치고 있는 땅에서는 뉴욕이나 도쿄처럼 지반이 가라앉고 있다. 높이 185미터에 최대 저수량이 393억 세제곱미터에 달하는 산샤댐은, 상상을 초월하는 온갖 재앙을 불러일으킬 가능성을 안고 있다. "부자가 될 수 있는 사람부터 먼저 부자가 되라"는 '선부론先富論'을 부르짖은 결과, 빈부격차는 사회의 위협 요소가 되어버렸다. '통일적 다민족국가'라는 명제 아래 소수민족의 목소리는 그저 진압의 대상으로 취급되면서, 티베트·신장·내몽골에서는 끊임없이 갈등이 빚어지고 있다. 저항의 목소리를 내기 위해 분신이라는 방법을 택한 티베트 승려의 죽음이 끊이지 않고 있다. 중국이 말하는 '화해'란 과연 어떤 것인가? 미친 속도로 질주하는 '화해호和諧號'■는 현재 중국의 초상이 아닐까.

3. 공자와 황제

중국은, 제자리를 넘어 다른 곳으로 가기 위한 더 빠른 질주를 멈출 생각이 없어 보인다. 덕분에 위안화는 달러를 밀어낼지도 모르고, 베이징과 상하이는 세계 최고의 중심도시로 떠오를 것이다. 또한 『신중국미래기』에서처럼 세계인은 중국어를 배우고 유학자의 강연을 듣고자 할 것이다. 이미 그렇게 되어가고 있다.

지미知美의 물결 대신 지중知中의 물결이 일면서 국내에서도 중국에 관한 책들이 쏟아져 나오고 있다. 하지만 관심의 초점은 대부분

■

'화해호'는 시속 350킬로미터 이상을 자랑하는 중국 고속철이다. 그런데 그 이름에 걸맞지 않게 크고 작은 사고가 끊이지 않는다. 그 대표적인 예가 2011년 7월 23일 원저우溫州에서 발생한 대형 추돌사고로, 200여 명의 사상자가 있었다. 중국 고속철의 잇따른 사고는 중국의 안전 불감증을 보여주는 동시에 세계 최고에 대한 강박증과 조급증을 드러낸다. 이 강박증과 조급증은 고쳐질 기미가 없어 보인다. 지금 중국은 시속 500킬로미터로 달리는 고속철 개발에 박차를 가하고 있다.

중국의 경제 동향과 정치적 이슈에 맞춰져 있다. 그에 비해 역사·철학·언어·예술 등 문화적 차원에서 서서히 강화되고 있는 중화 프로파간다를 다룬 책들은 보기 힘들다. 사실, 중국은 오래전부터 자신들의 문사철文士哲 전통을 해외에 알리는 데 엄청난 자금을 쏟아 붓고 있으며, 나라 안으로도 출판·언론·학술을 통한 중화이데올로기 고취에 온힘을 기울이고 있다.

최근 중국의 문화굴기는 "한 손에는 공자, 다른 한 손에는 황제"라는 명확한 로드맵을 보여주고 있다. 전 세계에 그물망처럼 뻗어나가는 공자학원은 중국어가 세계 보편어의 반열에 오를 가능성을 보여주고 있다. 또한 유가적 문화 논리를 정치적 보편사상으로 전환하고자 하는 담론들은, 근대화가 서구화라는 기존의 등식을 깨뜨리고자 한다. 이것은 민족국가의 틀을 벗어나 중국적 시야에서 새로운 세계질서를 구축하려는 지적 움직임과도 관련 있다. 이러한 움직임을 대표하는 자오팅양趙汀陽은, 제국주의적 세계체제를 대신할 개념으로서 고대 중국의 천하 관념을 재조명하며 '천하체계天下體系'라는 개념을 제시하기도 했다. 이는 중국이 세계를 위한 새로운 이념을 창출하여 세계를 책임지겠다는 포부가 담긴 개념이다. 즉 천하체계라는 개념에는, 중국이 천하의 중심이던 시기의 역사적 경험을 오늘날의 대안적 세계질서 모델로 보편화하려는 의도가 들어 있다. 국가를 뛰어넘어 천하라는 인식을 온 인류가 공유할 수 있다면 그 얼마나 좋은 일이겠는가? 하지만 그것이 과연 가능한지, 그리고 세계를 책임지고자 하는 중국은 과연 국가를 뛰어넘어 세계를 볼 수 있을지, 회의적이지 않을 수 없다. 중국의 굴기로 인해 중국의 문제가 세계의 문제가 된 오늘날, 중국은 "이미 무대에 올랐으니 말하지 않을 수 없다"[1]라고 한다. 하지만 그 말의 내함은 "이미 무대에 올랐으니 말할 권리가 있다"는 것이리라. 즉 중국의 발언은 그들이 말한 의무라기보다는 권리 주장으로 보인다. 이런 인식론적인 전략 외에도 유가사상은 내부적으로 심화되고 있는 여러 가지 사회적 모순에 대한 효과적인 처방으로 주목받고 있기도 하다. 즉 자본주의와 공산주의를 넘어선 제3의 길인 '화해사회'의 정치적·문화적·사상적 자원을 유가로부터 구하고 있는 것이다. 그래서 중국의 한 손에는 '공자'가 있다.

한편 56개 민족을 아울러야 하는 다민족국가로서 중국은 민족의 통합이야말로 국운의 열쇠라고 인식하고 있다. 그래서 '56'이라는 숫자는 국가와 관련된 모든 기념비적인 사건의 상징으로 활용된다. 베이징올림픽에서는 각자의 전통 복장을 입은 56개 민족의 어린이들이 오성홍기를 들고 입장했고, 상하이엑스포 중국관 지붕에는 56개 민족을 상징하는 56개의 들보가 얹혔다. 물론 이들 56개

상하이엑스포 중국관. 지붕에 얹힌 56개의 들보는 56개 민족을 상징한다.

민족은 하나의 유기체로 연결되어 있어야만 한다. 그래서 중국의 다른 한 손에서는 '황제'라는 맷돌이 돌아가고 있다. 중국의 다양한 민족이 황제라는 맷돌을 통과하며 하나의 가루처럼 균질화되어가는 것이다. "중화민족中華民族 모두가 황제의 자손"이라는 구호는 정치·언론·학술 등 각 분야에서 전방위적으로 울려 퍼지고 있다.

토머스 프리드먼은 『세계는 평평하다』에서 '평평화flatism'라는 개념으로 세계화의 동력을 설명했는데, 그의 분석에 따르면 관용과 포용력을 지닌 다민족문화야말로 세계화에 적합한 구조다. 프리드먼은 세계를 지속적으로 평평하게 만들기 위해서는 서로 다른 문화를 포용하는 힘이 필수적이라고 지적했다. 거시적인 평평함은 미시적인 '울퉁불퉁함'을 받아들임으로써 유지될 수 있는 것이다. 황제와 공자를 내세우는 중국의 움직임이 우려스러운 것은, 그것이 다양한 울퉁불퉁함을 밀어내려는 게 아닌가 해서이다. 황제를 내세워 이뤄내려는 신화적·역사적 균질화, 공자를 내세워 펼쳐내려는 문화적·사상적 균질화는 울퉁불퉁한 목소리들을 잠재울 것이 분명하다. 중국 내에서 벌어지는 균질화, 이어서 향후 아시아에서 벌어질 균질화, 그 한가운데에 황제와 공자가 자리하고 있다. 한편 "한 손에는 공자, 다른 한 손에는 황제"라는 로드맵은 문화 종주국으로서 중국이 보여주려는 '표상representation'을 겨냥한 것이라고도 할 수 있다. 즉 세계를 모두 품을 수 있는 문화, 가장 유구한 역사를 지닌 국가라는 표상을 통해, 중국이야말로 국제사회에서 가장 강력한 발언권을 지닐 자격이 있다는 메시지를 전달하고자 하는 것이다.

이 책이 본격적으로 다루려는 것은 이상의 내용과 관련된 공자와 황제다. 더 정확히 말하면, 공자와 황제라는 문화적 기제가 어떻게 작동하면서 위대한 '중화'라는 명제를 서서히 강화해나가고 있는가를 이야기하려 한다. 중국이 공자와 황제로부터 끌어내고자 하는 다양한 자원, 즉 논리·정서·권력 등에 대해 이야기하려 한다. 중국이 세계의 중심이었을 때 그것을 지탱했던 힘은 돈과 문자와 제도였다. 향후 공자와 황제로부터 뽑아내려는 것 역시 세계 중심으로서 중국의 기초를 강화해줄 보강제 성격일 가능성이 높다. 사실 중국이 문명의 중심을 자부할 수 없었던 시기는 불과 100년 남짓에 불과하다. 100여 년 전 만청晩清 시기에 엄청난 나락을 경험한 중국은, 오늘날 그 추락의 속도와 깊이에 상응하여 비상하고 있다. 공교롭게도 이 극적인 변화가 일어난 두 역사적 시점에서 모두 공자와 황제가 나란히 불려왔다. 이는 무엇을 의미하는 것일까? 공자와 황제, 이 둘은 중국인에게 대체 어떤 의미를 지닌 존재일까?

100여 년 전, 만청 시기 만주족의 청 왕조를 무너뜨리고자 했던 혁명파革命派는 '한족漢族'만으로 구성된 중국을 주장했다. 반면 유신파維新派는 중국 영토 안의 모든 민족을 중국인으로 아우르고자 했다. 즉 종족 민족주의를 내세운 혁명파와 문화 민족주의를 내세운 유신파가 팽팽하게 대립했다. 이때 혁명파가 내세운 아이콘이 '황제'이고, 유신파가 내세운 아이콘이 '공자'다. 그런데 오늘날 중국은 '다원일체多元一體'로서의 중화민족을 부르짖으면서 그 시조로 황제를 불러들였다. 이 얼마나 아이러니한 일인가! 과거든 현재든 '황제' 그 자체는 동일한데, 지금은 전혀 다른 소임을 띠고 소환된 것이다. 한족만의 시조가 어느새 중화민족 전체의 시조로 변신한 것이다. 게다가 만청 시기에는 황제가 서아시아에서 기원했다는 담론이 유행하다가, 지금은 황제의 근거지가 중국 동북의 홍산紅山문화 유역이었다는 주장이 대두하고 있다. 이처럼 황제가 한족만의 시조였다가 중화민족 전체의 시조가 되고, 동에 번쩍 서에 번쩍 하게 된 것은 모두, 황제가 '현재'의 필요에 따라 끊임없이 재해석되어 부활한 결과다.

한편 100여 년 전 문화 민족주의의 아이콘이었던 공자는 지금도 여전히 그 자리를 지키고 있다. 공자로 대표되는 문화, 즉 유가 문화가 지닌 시공간적 광범위함 때문에 공자가 지닌 문화적 힘은 단순히 중국 안에서만 그치지 않는다. 그래서 혹여나 공자가 문화 패권주의의 선봉에 나서게 되는 것은 아닐까라는 우려를 하게 된다.

공자(기원전 551~기원전 479)

공자의 이름을 내세우고 이루어지는 작업들이 공자의 '화和'를 내걸고 있긴 하나 그 속에는 패권적 '중화'가 도사리고 있기 때문이다. 공자학원, 『유장儒藏』 프로젝트, 공자평화상⋯⋯. 유교문화권이었던 한국으로서는 오늘날 중국이 공자의 이름을 앞세워 진행하고 있는 작업들과 무관하기도 어렵게 됐다. 중국의 말처럼, 유가사상은 동아시아 공동의 자산이다. 말인즉슨 맞는 말이다. 그래도 마음이 켕기는 이유는 그 동아시아 공동의 자산이 중국의 문화 패권주의에 동원될까 하는 우려 때문이다.

4. 기년

이 책에서는 공자와 황제를 둘러싼 복잡다단한 역사적 의미를 '기년紀年'이라는 렌즈를 통해서 들여다보려 한다. 지금으로부터 100여 년 전인 만청 시기에는 왕조의 '연호年號'에 맞서서 '민족'의 역사를 시간화하는 방식을 두고 공자기년과 황제기년이 서로 경쟁했다. 오늘날에는 서력기원이 보편화된 상황에 의문을 제기하며 공자기년과 황제기년에 관한 담론이 되살아나고 있다. 이처럼 시대의 격변기마다 기년의 문제가 대두되는 것은, 기년에는 그 속성상 권력

관계가 반영되어 있기 때문이다. 기념을 둘러싼 논쟁 속에서 우리
는 역사의 시간좌표를 장악하려는 욕망들을 발견할 수 있다. 또한
기념의 문제가 민족과 국가의 정체성과 얼마나 깊은 관련이 있는지
도 알게 된다.

오늘날 기념에 관한 담론들을 통해 우리는 공자와 황제에 얽힌
중국의 문화심리를 읽어낼 수 있다. 그것은 황제를 통해 내부의 응
집력을 강화하는 한편 공자를 통해 외부로 뻗어나가려는 문화 논리
의 하나다. 또한 여기에는 황제로 표상되는 중국 역사의 유구함과
공자로 표상되는 유가 문화를 통해, '문화 주체성'을 장악하려는 의
도가 담겨 있기도 하다. 이렇듯 황제와 공자는 중층적으로 결합된
채 '중화'라는 코드와 공명하고 있다. 최고最古인 동시에 최고最高인
이 '황제-공자'의 복합체는 중화의 문화유전자 밈meme으로 기능하
게 될 것이다. 그렇게 빚어질 중국은 서구를 모방한 대국이 아닌 고
유의 문화로 우뚝 선 대국이다.

만청 시기 양쯔위안楊子元이 쓴 『신기원新紀元』(1908)이라는 과학소
설에서는, 1999년에 중국이 이듬해부터 황제기년을 쓰도록 세계의
동종同種 국가에 알리자 곧이어 백인종의 국가들과 중국 사이에 전
쟁이 벌어지는 이야기가 나온다. 『신기원』에서 중국이 황인종의 대
표 주자로 표현되었던 것처럼, 100여 년이 지난 오늘날 서구에 대항

할 수 있는 아시아의 대표 주자가 바로 중국이라는 생각은 중국의 굴기와 더불어 계속 강화되고 있다. 이런 틀 속에서 중국 외 아시아 국가들은, 아시아의 대표 주자인 중국의 조력자 역할을 맡아야 할 처지에 놓여 있다. 중국이 아시아 그 자체라는 생각을 하고 있는 한, '동아시아의 공동 문화'라는 개념을 바탕으로 펼쳐지는 담론들이 문화(특히 유가 문화) 종주국을 자처하는 중국의 문화 논리에 휘둘릴 가능성은 매우 높다. 정치·경제·군사에 이어 문화에서도 '중화'의 시대가 도래하려는 지금, 황제와 공자의 부활을 단순히 남의 집 잔칫상 쳐다보듯 할 수 없는 건 그 되살아남의 배경과 결과가 전 세계와 얽혀 있기 때문이다.

제1장

강희제는
왜 대명세의
목을 베었나

진리의 탐구자 지성
강희제가 그의 목을 베었나

역린의 책, 『남산집』 사건

강희康熙 50년(1711) 10월 어느 날, 좌도어사左都御史 조신교趙申喬로 부터 상소가 날아들었다. 한림원편수翰林院編修 대명세戴名世를 탄핵 하는 내용이었다. 대명세에게는 정말 청천벽력과도 같은 변고였다. 젊어서는 벼슬에 뜻이 없었던 대명세는 인생의 만년에 접어든 52세 에 향시鄕試에 응시해 합격했다. 4년 뒤(1709)인 56세에는 회시會試에 도 붙고 이어 전시殿試에 진사進士로 합격하여 한림원편수에 제수되 었다. 그런데 그로부터 불과 2년 만에 탄핵 대상으로 지목되었던 것 이다. 이 탄핵으로 대명세는 1713년 3월, 사형에 처해졌다. 이때 그 의 나이 60세였다.

조신교가 올린 상소의 내용은 다음과 같다.

> (한림원편수 대명세는) 문명文名을 멋대로 절취하며
> 재능만 믿고서 방자하게 행동합니다.
> 이전에 제생諸生으로 있을 때,

사사로이 문집을 판각하고 아무 말이나

멋대로 지껄이며 시비를 뒤집고 도리에 어긋나는 말을

일삼았습니다.

지금은 은혜를 받아 황송하게도 뛰어난 성적으로

급제했음에도 불구하고, 아직까지도 지난날의 잘못을

뉘우치지 않고 글들을 태워버리지 않았습니다.

이런 오만방자한 무리가 청아함을 사칭하는 것을

어찌 용납할 수 있겠습니까!

부디 칙령을 내리시어 엄격하게 심의·처벌함으로써

오만방자함의 경계로 삼아주시길 간청하옵니다.[2]

　　조신교는 백관百官의 감독을 책임지고 있는 좌도어사로서, 잘못이
있는 관리를 탄핵하는 것은 그의 직무이기도 하다. 하지만 조신교
의 상소에서 문제의 핵심이 되었던 건, 대명세가 한림원편수로 있으

부府·주州·현縣의 각급 학교에서 공부하던 생원生員을 통칭하여 '제생諸生'이라
고 한다. 생원에는 증생增生·부생附生·늠생廩生·예생例生 등이 있다. 국자감에 들
어가서 공부하던 감생監生을 '제생'이라 하기도 하는데, 실력이 탁월한 공생貢生이
나 막강한 집안 배경이 있는 음생蔭生만이 국자감에 들어갈 수 있었다. 대명세는
1686년에 공생의 신분으로 국자감에 들어갔다.

면서 저지른 잘못이 아니라 '제생'으로 있을 때 펴낸 문집이다.▪

대명세는 늦은 나이에 관직에 몸을 담긴 했지만 일찍이 삼십대 중반에 국자감에 들어가 공부하면서 지기知己를 여럿 사귀었는데, 방포方苞·주서朱書·유휘조劉輝祖 등은 그와 동향이었다. 대명세의 출신지인 안휘安徽 동성현桐城縣은 강희 이후 문단에 가장 막강한 영향력을 행사한 '동성파桐城派'라는 산문 유파가 배태된 곳이다. 동성파의 선구자가 바로 대명세였고, 그 뒤를 이은 방포는 동성파의 창시자로 불린다. 모난 돌이 정 맞는다고 했던가. 너무 뛰어났던 대명세는 많은 적을 만들었다. 고관대작에게도 숙일 줄 모르고 언사에 거침없는 그를 눈엣가시로 여기고 있던 사람은 한둘이 아니었다. 『청사고清史稿』의 기록을 보면, "신분 높은 이들이 그의 입을 두려워하고 그를 시샘했다"▪3고 한다. 대명세를 탄핵한 조신교는 청렴과 강직으로 이름을 떨쳤지만, 공교롭게도 개인적으로 대명세와 매우 불편한 관계에 있었다. 회시에서 일등을 차지했던 대명세는 전시에서 일갑一甲의 이등을 차지했다. 그런데 대명세가 전시에서 이등을 했을 때의 장원이 바로 조신교의 아들 조웅조趙熊詔였던 것이다. 대명세의 학식과 문장은 조신교와는 비교가 안 될 정도로 명성이 자자했던 만큼, 사람들은 조웅조가 장원을 차지한 것이 실력이 아닌 배경 덕분이었을 거라고 생각했다. 이런 개인적인 불편함이 조신교가

강희제(1654~1722)

대명세를 탄핵하게 되는 원인으로 작용했는지, 아니면 누구나 빤히 알고 있는 둘의 관계에도 불구하고 조신교가 자신의 임무에 충실하기 위해 대명세를 탄핵했는지, 그 진실은 알 수 없지만 조신교의 탄핵으로 대명세는 결국 비극적인 운명을 맞는다.

강희제는 이 사안에 대해 엄격히 조사할 것을 형부刑部에 지시했다. 형부에서는 대명세의『남산집우초南山集偶鈔』(일반적으로『남산집』이라고 한다)에서 다음과 같은 다섯 가지 죄상을 찾아냈다.

첫째, 홍광弘光·융무隆武·영력永曆과 같은
남명南明 왕조의 연호를 사용한 죄.
둘째, 명나라 숭정제崇禎帝 주유검朱由檢을 '상上'이라 칭하고
계왕桂王 주유랑朱由榔을 '영력제永曆帝'라 칭한 죄.
셋째, 명 왕조의 멸망을 슬퍼하고 명 왕조와
더불어 죽음을 택한 이들을 칭송한 죄.
넷째, 남명을 촉한蜀漢·남송南宋과 함께 언급함으로써
남명 왕조의 역사적 정통성을 인정한 죄.
다섯째, 청 왕조가 숭정제의 아들을 모살한 일을
숨기지 않고 들추어낸 죄.⁴

『남산집』은 강희 41년(1702), 대명세가 고향 남산에 은거하고 있을 때 그의 제자 우운악尤雲鶚이 스승의 글을 한데 모아서 간행한 책이 다. 『남산집』은 강절江浙(강소와 절강) 일대에 널리 유포되었다. 대명세 는 이 책으로 인해 명성을 얻었고 결국 이 책으로 인해 죽임을 당 했다. 조신교가 탄핵 상소에서 "응당 불태워버렸어야 하는 글"이라 고 했던 것이 바로 『남산집』이다. 10년 전에 펴낸 책 때문에 죽음에 까지 이를 줄 대명세가 어찌 알았으랴! 하지만 『남산집』에는, 대명세 의 명망과 재주를 시기하고 질투하던 이들이 그를 '대역大逆' 죄인으 로 몰고 갈 수 있는 확실한 단초가 있었다. 비록 청 왕조와 황제를 비방하는 문장은 들어 있지 않았지만, 청의 '대일통大一統'을 부정했 다는 혐의를 충분히 끄집어낼 수 있었다. 바로 '연호'와 관련된 것이 었다.

대명세는 『남산집』에서 명말 청초 남명의 역사를 기록한 방효표方孝標의 『전검기문滇黔紀聞』을 인용하면서, 『전검기문』에서 사용한 홍 광·융무·영력 등 남명의 연호를 그대로 썼다. 이는 청에 끝까지 반 항하다가 멸망한 남명 정권의 역사적 지위를 인정하는 것으로 여겨 졌다. 조신교가 『남산집』을 두고 '반역'의 말, '대역'의 말_5이라고 했 던 것은 바로 이 때문이다. 게다가 『남산집』에는 대명세가 여담余湛 에게 쓴 「여여생서與余生書」라는 편지가 실려 있었는데, 이 편지에서 대명세가 남명의 연호를 언급한 것은 물론 남명의 역사적 의미를 촉한과 남송에 비유했다.

> 옛날에 송이 망함에 지극히 작은 섬 모퉁이에서
> 얼마 버티지 못하고 멸망했지만, 역사에는 그 일이 기록되어
> 있다네. 오늘날 홍광제는 남경南京, 융무제는 민월閩越,
> 영력제는 양월兩粵과 전검滇黔에 있으면서 수천 리에 달하는
> 땅을 전후 통틀어 17~18년 동안이나 영유했다네.
> 『춘추春秋』의 의義에 따르자면, 이것이 어찌 소열제昭烈帝가
> 촉蜀 땅에 있었던 것이나 제병帝昺이 애주崖州에 있었던 것만
> 못하겠는가? 하지만 이러한 일들이 점차 인멸되고 있다네.[6]

한 왕실을 회복하고자 했던 유비劉備, 송 왕실을 회복하고자 했던 제병帝昺, 대명세가 이들에 비유한 것이 바로 청에 대항하며 명 왕실을 회복하고자 했던 남명 정권이었다. 그는 시간적 측면에서든 공간적 측면에서든, 촉한과 남송에 비해 남명의 역사적 의미가 뒤지지 않는다고 판단했다. 대명세는 일찍부터 남명의 역사에 관심을 가졌고, 방효표의 『전검기문』에서 그에 관한 많은 정보를 얻었다. 또한 이지犁支라는 승려를 통해 남명에 관한 정보를 얻을 수 있었다. 이

지는 남명 정권에서 관리로 있다가 남명이 멸망한 뒤 승려가 된 사람이다. 대명세의 학생이었던 여담이 마침 이지와 교류가 있었고, 이를 안 대명세는 여담에게 이지가 해준 말을 기록으로 남기게 했다. 대명세는 이지의 말을 『전검기문』의 내용과 비교해본 뒤 『전검기문』의 내용을 신뢰하게 되었다. 『남산집』에서 『전검기문』을 인용한 부분이 많은 것은 여기서 기인한다.

편지에 적힌 단 몇 줄의 문장만으로 죄상은 확실했다. 무려 28년 전(1683)에 썼던 편지가 대명세를 대역 죄인으로 낙인찍었다. 대명세는 참수형에 처해졌고 방효표는 부관참시를 당했다. 그리고 두 사람의 가족과 수많은 지인이 노비로 전락하거나 유배되고 관직에서 파면되는 등 이 일에 연루되어 처벌을 받은 이가 무려 300명에 달했다. 1년 하고도 몇 달이 더 지나서야 겨우 마무리된 이 떠들썩했던 문자옥文字獄, 『남산집』 안案의 궁극적인 원인은 만주족 황제 강희제의 콤플렉스였을 것이다. 청의 관리로 등용된 이가 남명 왕조의 연호를 사용한 것은, 의도적이었든 그렇지 않든, 그리고 수십 년 전의 일이었다 할지라도 용서될 수 없었다.

한편 강희제가 유가의 치국 이념을 완벽히 실현하려 했던 황제라는 측면에서 보자면, 『남산집』 안은 '춘추결옥春秋決獄'과 '논심정죄論心定罪'라는 유가 전통의 법 이념을 전형적으로 보여주는 사건이기도

대명세(1653~1713)의 묘

하다. 춘추결옥이란 유가 경전, 즉 공자의 사상에 근거하여 죄의 여부를 판단하는 것으로, 이를 제창했던 인물은 전한前漢의 동중서董仲舒다. 동중서는 무제武帝에게 '대일통'의 논리를 제공한 사람이기도 하다. 공교롭게도 무제는 최초로 연호를 사용한 황제다. 대명세는 남명 왕조의 연호를 씀으로써 대일통을 범했고 남명 왕조에 대한 미련을 떨치지 못했으니, '논심정죄'의 주관적 동기에 따른 범죄 여부를 따지자면 '대역' 죄인에 해당되었던 것이다.

연호, 그것은 이 세계가 천자天子의 것임을 상징한다. '중화'의 세계에서 천자는 모든 공간의 주인이자 시간의 주인이었다. 모든 사건의 시간적 위치는 천자의 연호라는 시간좌표에 의해 자리매김되어야 했다. 한 무제 건원建元 원년(기원전 140)으로부터 2000여 년의 세월 동안 연호는 대일통의 절대적인 시간좌표를 상징했다.

하지만 중국이 세계의 일부가 되어버린 순간, 연호라는 시간좌표 역시 더 이상 절대적일 수 없었다. 다음에서 살펴볼 『강학보強學報』 사건은 대일통의 상징인 연호에 금이 가기 시작하는 모습을 잘 보여준다.

■

수도에 회시를 보러 온 과거 응시생들이 올리는 상주문을 공거상서라고 한다. 캉유웨이와 량치차오가 작성한 1만8000글자에 달하는 공거상서에, 1200명이 넘는 사람이 연대 서명했다. 이 상주문은 1898년에 광서제가 정치·경제·행정·법률·교육·군대 등 모든 방면에서의 근대화를 꾀하기 위하여 발표했던 개혁상유改革上諭의 근간이 되었다.

캉유웨이의 『강학보』 폐간되다

청일전쟁에서 패배한 뒤 중국은 보다 확실한 변혁을 필요로 했다. 1895년의 공거상서公車上書에는, 강한 중국을 꿈꾸는 젊은 지식인들의 소망이 담겨 있었다.■

중국의 변화를 위해 한목소리를 냈던 이들은 마침내 실천에 들어갔다. 캉유웨이와 량치차오를 중심으로 한 변법유신파變法維新派(이하 유신파)는 학회를 조직하고 신문을 간행하여 서양 학문을 알리고 변법사상을 고취했다. 베이징에 강학회强學會를 설립하고 기관지로 『중외기문中外紀聞』을 간행했으며, 이어서 상하이에도 강학회를 세우고 기관지 『강학보』를 간행했다. 양무파洋務派였던 양강총독兩江總督 장즈둥張之洞은 베이징 강학회뿐만 아니라 상하이 강학회에도 많은 돈을 기부했고 캉유웨이의 든든한 지지자가 되어주었다.

그런데 이처럼 순탄해 보이던 강학회 사업에 곧 먹구름이 드리워졌다. 이홍장李鴻章을 비롯한 양무파는 이들의 힘이 커지는 것이 두려워 강학회를 공격했고 결국 서태후의 비준을 받아내 1896년 1월 20일 『중외기문』을 정간시켰다. 베이징 강학회는 관서국官書局으로 바뀌어 오로지 번역 출간만 허용되었고 시정時政에 대한 논의는 금

■

『강학보』창간호는 광서光緒 21년 11월
28일(1896.1.12)에 간행되었고, 5일 뒤
(1896.1.17)에 제2호가 나왔다. 그로부
터 5일 뒤(1896.1.22)에 간행될 예정이
었던 제3호는 발행조차 되지 못했다.

지되었다. 이 소식을 전해 들은 장즈둥은 즉시 『강학보』를 폐간시키
고 상하이 강학회를 해산하도록 했다.■

　장즈둥이 『강학보』를 못 내게 막았던 이유는 물론 그가 양무파
에 속해 있었기 때문이다. 하지만 이것 말고도 강학회 회원들마저
그 화가 자신에게 미칠까 두려워할 수밖에 없었던 무언가가 있었다.
『강학보』에는 다분히 '혁명'적인 발상이 담겨 있었는데, 그 때문에
장즈둥이 그토록 신속하게 대처했던 것이다. 그 발상은 바로 '기년'
의 문제였다.

　1896년 1월 12일에 간행된 『강학보』 창간호의 첫 면에는 '강학
보 제1호強學報 第一號'라는 글자 아래로, "공자졸후 2373년孔子卒後
二千三百七十三年"이라는 날짜와 "광서 21년 11월 28일光緒二十一年十一月
二十八日"이라는 날짜가 나란히 세로로 표기되어 있었다. 게다가 공자
기년이 광서제의 연호보다 우선순위인 오른쪽을 차지했다. 량치차
오는 「기년공리紀年公理」에서 이 사건에 대해 이렇게 말하고 있다.

　　남해南海 선생(캉유웨이)이 강학회를 이끌면서 태사공太史公의

孔子卒後二千三百七十三年
光緒二十一年十一月二十八日

강학보

장즈둥(1837~1909)

예를 사용하여 "공자 졸후 2473년"(2373년이 맞다. 착오인 듯하다)이라고 대서특필했다. 강학회의 몇몇 용속한 인사는 이 소식을 듣고 놀라서 얼굴빛이 변하더니 화가 자신에게 미칠까 두려워 제명해주길 간절히 청하며 이렇게 말했다. "이는 지금 왕의 정삭正朔을 받들지 않는 것이오. 예수를 모방하는 것이오."_7

강학회 회원들 사이에서도 반발을 불러일으킨 공자기년의 사용을 양무파 관료 장즈둥이 절대 용납할 수 없었음은 물론이다. 장즈둥은 『강학보』에서 공자기년을 쓴 것이 도리에 위배된다고 여겼다. 광서 21년 12월 12일(1896.1.26) 『신보申報』에 실린 「강학정보强學停報」라는 글에 따르면, 장즈둥은 난징에서 전날 저녁 7시에 『강학보』를 폐간시키고 강학회를 해산시킬 것을 골자로 하는 다음과 같은 전보를 보냈다.

『강학보』는 관계자와 상의도 없이 갑작스럽게 발행되었다.

그 안에 정기廷寄(청나라 때 황제의 밀지를 가리키는 말)가
실려 있고 '공자 졸후'라는 표현이 있는데, 이는 모두
도리에 맞지 않다. 이제 모두 해산할 것을 명하니,
『강학보』는 폐간하고 강학회는 해산하라.[8]

　전보를 보면 '공자기년'을 사용한 것이 문제의 핵심이었다. 장즈둥
은 캉유웨이가 공자기년을 사용한 것을 불쾌해하며 질책했다.[9] 장즈
둥의 반응은 당연한 것이었다. 아무리 왕조가 약해졌다 해도 공자
기년의 사용은 정삭을 바꾸는 것이며 모반과 다름없기 때문이다.
　변법유신을 반대하는 글들을 모아서 펴낸『익교총편翼敎叢編』에는,
공자기년에 대한 수구보수파의 우려와 증오가 고스란히 담겨 있다.
캉유웨이가 주축이 되어 보국保國·보종保種·보교保敎를 기치로 내걸
었던 보국회保國會를 정면에서 반대한 만주족 출신 관료 원티文悌는
"나라를 지키겠다는 명분을 내세웠으나 나라를 어지럽히고, 4억 중
국인을 지키고자 하면서 대청국은 마음에 두지 않는다"[10]며 캉유
웨이를 비판했다. 또한『익교총편』서문에서 쑤위蘇輿는 유신파의

주장을 다음과 같이 비판했다.

> 그(량치차오)의 말은 캉유웨이의 『신학위경고新學僞經考』와
> 『공자개제고孔子改制考』를 중심으로 하면서 평등·민권·
> 공자기년과 같은 그릇된 말로 그것을 거든다.
> 육경六籍이 거짓이라 하는 것은
> 성스러운 경전을 없애는 것이다.
> 탁고개제託古改制는 기존의 제도를 어지럽히는 것이다.
> 평등을 주장하는 것은
> 삼강오상三綱五常을 타락시키는 것이다.
> 민권을 강조하는 것은 군주가 없는 것이다.
> 공자기년은 사람들로 하여금 본 왕조가 있음을
> 알지 못하게 하려는 것이다.[11]

'육경·삼강오상·군주·왕조'라는 정통 시스템을 지지하는 수구보
수파와 '탁고개제·평등·민권·공자기년'이라는 새로운 시스템을 추

예더후이(1864~1927)

구하는 유신파가 서로 다른 정치체제를 지향한 것은 너무나 당연한 일이었다. 또한 양자 사이의 대립 역시 불가피했다. 그 시대의 맥락에서 보자면 '앞서가는 서구 열강' 대 '뒤처진 중국'의 구도는 너무나 명확했다. 유신파가 지키고자 한 것이 '4억 중국인'이었다고 한다면 수구보수파가 지키고자 한 것은 '대청국'이었다. 이러한 대립 구도의 탄생은, 중국이라는 의미망에 완전히 새로운 개념이 포착된 결과였다. 즉 '천하天下 그 자체'였던 중국이 '세계世界 속의 중국으로 편입되면서, 국가와 민족으로서의 중국과 중국인이 새롭게 발굴되고 호명되어야 했던 것이다.

이 대립 구도는 궁극적으로 '왕조'의 중국과 '민족'의 중국이라는, 국가에 대한 서로 다른 인식 틀을 반영하는 것이다. 이런 맥락에서 『익교총편』에 실린 예더후이葉德輝의 다음 주장을 주목할 필요가 있다.

> 량치차오가 가르침으로 삼는 바는, 공자와 예수를 함께
> 칭하니 동서 종교에 경계가 없다. 중국을 이적과 동일시하니

내외와 피아彼我에 경계가 없다. 공자기년으로 대청의
정통을 물리치니 고금에 경계가 없다. 군권과 민권의
평등을 주장하니 상하에 경계가 없다.[12]

예더후이는 량치차오의 주장이 동서·내외(피아)·고금·상하 등의
경계를 무화하는 것이라는 점에 비판을 집중하고 있다. 이는 중국
이 천하 자체로서의 중국, 왕조의 중국이라는 인식 틀에서 비롯된
것이다.

앞에서 쑤위는 량치차오가 "평등·민권·공자기년과 같은 그릇된
말"을 한다고 비판했는데, 여기서 주목할 점은 공자기년이 평등이
나 민권과 같은 맥락에서 언급되었다는 사실이다. 그것들은 중국
의 생존이라는 대전제를 공유하고 있었던 새로운 개념이었다. 공자
는 왕조의 수호자가 아닌 민족의 수호자로 상징되는 지점에서 기존
과는 다른 의미망 속으로 끌려들어갔다. 그리고 중화의 시간좌표인
연호에 대항하는 새로운 시간좌표인 민족의 시간좌표로서 '공자기
년'이 등장할 수 있었다.

기념의
경쟁

혁명파의 일원인 셰짠타이謝纘泰가 그린 「시국도時局圖」. 1903년 12월 25일 차이위안페이蔡元培 등이 주편한 『아사경문俄事警聞』의 창간호에 실렸다. 현재 중국의 역사교과서에도 이 그림이 실려 있다. 러시아·독일·영국·프랑스·미국·일본 등 열강이 중국을 차지하고서 호시탐탐 노리고 있는 상황이 비유적으로 묘사되어 있다. 또한 나라가 망해가는 위기 속에서도 태연히 잠을 자고 있는 관리, 환락에 빠져 있는 관리, 돈을 밝히는 부패한 관리의 모습이 대조적으로 표현되어 있다. 이 그림이 만청 시기 민족의식의 각성을 촉구했음은 물론이다. 만청 시기 서구 열강과 청 왕조와 내셔널리즘의 맞부딪침은 그 당시 기년에 관한 담론에도 뚜렷이 표현되어 있다.

공자기념
vs
황제기념

   '중국'에 대한 인식 틀에 있어서, 수구보수파와 유신파 사이에 엄청난 간극이 있었던 만큼이나 유신파와 공화혁명파共和革命派(이하 혁명파) 사이에도 서로를 용납할 수 없는 간극이 있었다. 기념의 문제에 있어서도 혁명파는 유신파의 공자기념에 맞서 황제기념을 주장했다. 공자기념과 황제기념의 대립에는 유신파의 '보교保教' 논리와 혁명파의 '보종保種' 논리가 맞서고 있었다. 그리고 이것은 '중국'과 '중국인'에 대한 서로 다른 기획의 대립이기도 했다. 중국 내 모든 민족을 중국에 포섭하고자 했던 유신파는 문화 민족주의를 주장한 반면에 한족만의 중국을 주장한 혁명파는 종족 민족주의를 주장했다. 이런 맥락에서 볼 때 공자는 문화 민족주의의 아이콘이고 황제는 종족 민족주의의 아이콘이었다고 할 수 있다.

서로 길항拮抗관계에 있었던 공자기년과 황제기년이 경합을 벌이는 사이, 신해혁명辛亥革命으로 청이 무너지면서 2000여 년 동안 중국의 시간좌표로 군림했던 연호는 선통宣統 3년(1911)을 끝으로 역사의 뒤안길로 사라졌다. 그리고 황제기년이 그 자리를 차지하는가 싶더니, 이내 민국기년이 그 자리를 점했다가, 마침내 서력기원이 최종적인 승리를 거두었다. 이처럼 시간좌표의 점유는 권력을 상징하는 것이기도 하다. 기년 논쟁과 관련하여 계속해서 주목해야 할 부분은, 그것이 늘 '서구 열강'과 관련을 맺고 있다는 사실이다. 앞서 말했듯이 '앞서가는 서구 열강' 대 '뒤처진 중국'의 구도가, 왕조의 연호를 대체할 민족의 시간좌표로서 공자기년과 황제기년 논쟁을 불러일으켰다. 한편 제3장과 제4장에서 논의하게 될 내용처럼 오늘날 대국으로 굴기한 중국은, 서력기원에 불만을 표출하면서 공자기년과 황제기년을 동시에 불러들이고 있다. 따라서 '기년의 경쟁'을 촉발하는 기제는 중국과 서구의 역학관계와 연동되어 있다고 할 수 있다.

공자기년의 논리

　캉유웨이는 1896년 『강학보』 창간호 이후 본격적으로 공자기년을 주장했다. 그는 공자기년을 사용하면 사람들이 힘들게 연호를 기억해야 할 필요가 없고 역사를 살필 때에 편리할 뿐만 아니라 신앙심을 자극하기 때문에 쉽게 받아들일 수 있다고 주장했다.[13] 량치차오 역시 「기년공리紀年公理」[14]에서, 기존의 연호로 연도를 나타내는 것의 불합리성에 주목하면서 기원紀元에 일관성이 없으면 역사를 제대로 논할 수 없음을 강조했다. 또한 그는 세계 각국이 빈번히 교류하는 상황에서 각자 다른 기호로 연대를 기록한다면 기억하는 데 있어서도 일을 처리하는 데 있어서도 불편하다는 사실을 언급하며, 언젠가는 반드시 모든 나라가 한자리에 모여서 기념에 관하여 논의하게 될 것이라 했다.[15] 전 세계가 동일한 기년 방식을 쓸 것에 대해서는 캉유웨이가 『대동서大同書』(1901~1902년에 집필)를 통해 본격적으로 논의한 바 있다. 그는 자신이 구상한 전 세계의 공동 정부인 공정부公政府의 대강大綱을 논하면서, 전 세계의 기원은 교주教主나

군주君主의 사사로운 기년이 아닌 하나로 통일된 대동大同기년을 사용할 것이라고 했다.[16]

오늘날 우리는 전 세계에 통용되는 서력기원을 무의식적으로 자연스럽게 쓰고 있지만, 20세기 초 캉유웨이의 시대에서 보자면 이는 먼 미래의 미정된 일이었고 서력기원이 대동기년의 역할을 하게 될 것도 예상할 수 없었다. 그렇다면 그는 당시 무엇이 가장 현실적인 기년법이라고 생각했을까? 그는 기년의 중심이 소군주小君主→대제왕大帝王→대교주大敎主의 순서를 따른다고 보았다. 이 과정을 간단히 정리하면 다음과 같다.

> 춘추·진·한 시기의 제후들이 각자의 기년을 사용했고,
> 이후 한 무제가 처음으로 연호를 사용했다.
> 이집트·인도·페르시아·로마 역시 제왕의 기년을 사용했다.
> 그런데 콘스탄티누스 이후 기독교가 번성하여 예수기년이
> 사용되고 당·송 시기에 유럽의 여러 나라는 교주로
> 기원紀元을 통일했으며, 이슬람교와 인도 승려들 역시
> 각각의 교주로 연도를 표기했다.[17]

캉유웨이는 기독교·이슬람교·불교의 기년 방식이 "사마천이 『사

캉유웨이(1858~1927)

기』에서 '공자 사후 129년'이라고 하며 공자기년을 사용한 것과 같다"고 보았다. 즉 세계의 모든 기년은 제왕에서 교주로 그 중심이 옮겨갔다고 본 것이다. 캉유웨이의 관점에서 보자면 제왕의 연호를 고수하는 것은 시대착오적인 것이었다. 그는 향후 남게 될 유일한 기년의 기준은 '교주'임을 강조했다.

사람들이 군주의 권세에 복종하는 것은 교주의 도덕에
감복하는 것만 못하며, 교주기년이 의의에 있어서
가장 크고 힘에 있어서도 가장 절약되므로 진정 타당하다.
중국의 경우, 기독교가 아니므로 공자기년을 쓰는 것이
적합하다. 교주가 없는 독립국인 경우, 일본처럼 뒤늦게
세워진 나라인 경우에는 건국자나 시조로써
기년하면 되는데, 비록 도덕적으로 칭찬할 만한 점이
없더라도 사람들이 기억하기 쉬우므로 한 군주로써
기원하는 것보다는 낫다. 100년 이후에는 군주가 세상에
존재하지 않을 것이 분명하니, 군주기원의 의의는
대동세大同世를 기다릴 것도 없이 그전에 먼저 없어질
것이다. 문명대국이 아니면 대동세에 이르기까지 오래도록
버티지 못할 것이 분명하므로, 건국자나 시조기원의 의의

역시 남아나지 못할 것이 분명하다. 따라서 남게 되는 것은 오로지 교주기원의 의의 하나뿐이다.[18]

　위와 같은 말에 담긴 문제의식 가운데 무엇보다도 주목해야 할 점은, 기년의 다양한 중심을 논하면서 그 최종적인 판단 기준을 '영속성'에 두고 있다는 사실이다. 즉 각 시대의 제왕·건국자·시조·교주 등 기년의 다양한 중심 가운데 대동세에 이르기까지 남아 있을 존재가 바로 교주이기 때문에 교주로 기념해야 한다는 논리다. 세계가 하나로 통합되면, 각 나라의 공간에만 한정되어 있던 기년은 사라지고 만다는 것이다. 캉유웨이는 궁극적으로 '대동'의 세계에서는 교주 역시 제왕이나 시조처럼 사라지게 될 것이라고 전망했다. 하지만 "종족·국가·종교의 구분이 없는無種·無國·無敎" 대동의 세계는 아직 너무나 멀기에, 현재로서 기년의 최선책은 교주를 따르는 것이라 여겼던 것이다.

　그런데 한 가지 의문이 들지 않을 수 없다. 캉유웨이의 말대로 최선책이 교주를 따르는 것이라면, 각국이 경쟁하고 있는 상황에서 각 교주기년들 간의 힘겨루기는 불가피한 일일 것이다. 그런데 그는 왜 교주기년만큼은 '대세'의 논리로 해석하지 않고 각 교주기년의 독자성을 인정하려 했을까? 오로지 교주기년만이 남게 될 것이라는 앞의 언설에 바로 이어서 캉유웨이는 이렇게 말하고 있다.

> 하지만 모든 종교가 경쟁하며 각자 그 종교를 받들 텐데
> 어느 누가 순응하려 하겠는가? 사람마다 각자 자주의
> 권리와 자유의 이치를 지니고 있으므로 다수라 하여 소수의
> 견해를 눌러 없앨 수는 없다. 오늘날 예수로 기원한
> 나라들이 매우 강대하고 흥성하다. 그러나 19세기, 20세기
> 등의 표현은 결과적으로 유교도·불교도·브라만교도·
> 이슬람교도들이 기꺼이 원하는 바는 아닐 것이다.⌐19

그렇다. 캉유웨이는 바로 기독교 세력을 민감하게 인식하고 있었던 것이다. 만약 당시 중국이 열강의 지위에 있었다면, 캉유웨이는 공자기년이 세계적으로 적용될 대동기년의 역할을 하리라 기대했을지도 모른다. 하지만 대세는 기독교로 기울고 있었다. 우승열패優勝劣敗의 세계관이 보편적 진리로 받아들여진 상황에서 캉유웨이는 공자기년을 전 세계에 적용할 만한 논리적 근거를 내세울 수 없었던 것이다. 우승열패의 틀에서는 중국 역시 기독기년을 따라야만 했다. 역사의 필연적 대세에 따라 교주기년을 주장한 캉유웨이가 정작 공자와 예수를 두고서는 '자주의 권리'와 '자유의 이치'를 내세

우며 다수에 대항하는 소수를 대변하게 된 논리의 역전, 이러한 모순이야말로 그 당시 흔들리던 중국과 중국 지식인의 고민을 대변하는 것이다.

역사의 시간좌표인 기년에 관한 문제는 한두 사람의 논의로는 해결될 수 없었다. 더 많은 사람이 기년을 둘러싼 담론에 참여할 수밖에 없었는데, 이는 기년이 푸코적 의미의 '지식—권력'의 관계를 내포하고 있기 때문이다. 다양한 기년 담론은 '지식—권력'의 메커니즘을 통해서 주체가 형성되어간 근대의 전형적인 예 가운데 하나다. 만청의 기년에 관한 담론은 서구 열강, 청 왕조, 내셔널리즘이 맞부딪치며 진행되었다.

내셔널리즘이 급속하게 형성되던 조류의 한가운데 있었던 량치차오 역시 기년 담론에 참여했다. 그는 「중국사서론中國史敍論」[20]에서 먼저 기년이란 역사의 부호로서 시간의 위치를 확정하는 것이라고 말한다. '부호'라는 표현은 그가 기년의 문제에 좀 더 객관적으로 접근했다는 인상을 준다. 이후 논리의 흐름 역시 상당히 객관적이다. 그는 부호의 우열은 정신노동을 덜어주느냐의 여부에 달려 있다고 보았다.

따라서 야만 시대의 부호는 반드시 복잡하고 어수선하며,

문명 시대의 부호는 반드시 간단하고 정연하다.

모든 방면에서 다 마찬가지 이치이며 기년 역시

그 가운데 하나다. [21]

어느덧 '야만/문명'이라는 구도가 끼어들고 있다. 량치차오에 따르면 간편한 부호는 문명의 상징이며, 간편성을 확보한 서양의 기년은 문명적이다. 그는 문명적이지 않은, 야만적인 기존의 기년 방식에 대한 비판과 더불어 문명적인 새로운 기년 방식에 대한 제안으로 나아간다. 특히 제왕의 연호를 사용하는 방식이 야만스럽다는 비판이다.

우리 중국은 지금껏 제왕의 연호를 써왔는데,

제왕이 사망할 때마다 그 부호 역시 바뀐다.

이는 가장 야만스러운 방법(진·한 이전에는 군주마다 기년을

달리했으니 더욱 야만스럽고도 야만스러웠다)이며,

역사를 살피는 데 있어서도 가장 불편하다.

지금 수천 년 동안 있었던 군주의 연호 가운데 하나를 골라

학자들에게 물어본다면, 가장 박식한 이라 해도

제대로 대답할 수 없을 것이다. [22]

"따라서 제왕의 연호를 사용하는 기년 방식은 폐기되어야 마땅하다"고 량치차오는 단언한다. "그런데 무엇으로 그것을 대체해야 하는가? 이것이야말로 중국사 서술에서 긴요한 문제다."[23] 이러한 문제제기에 이어 량치차오가 논의한 새로운 기년 방식을 정리하면 다음과 같다.

① 예수기년: 세계에서 통용되는 부호이니 공평해 보이고 다수를 따르는 것이기도 하며 서양과의 교류에도 편한 방법이다. 하지만 예수기년이 다수라 하더라도 그것을 따르는 민족은 전 세계인의 3분의 1밖에 되지 않는다. 또한 천하의 후세 사람들이 이에 찬성하지 않을 것이며 공의公義에도 맞지 않다. 게다가 중국 역사는 기독교와 관련이 없으며 중국 민족은 국수國粹를 고수하고자 하기 때문에 예수기년을 쓰려는 것은 끝내 공언空言에 그칠 것이다. 따라서 이 견해는 배제한다.

② 황제기년: 중국 민족의 시조인 황제를 기원으로 삼아야 한다는 주장으로, 국민·동포의 사상을 환기하고 단결력을 증강할 수 있는 좋은 방법이다. 하지만 황제 이후 하夏·은殷을 거쳐 춘추 초기에

이르기까지의 역사 기록이 불분명하여

연대를 확정할 수 있는 근거가 없다.

③ 기타: 요堯·하우夏禹·진일통秦一統 등을 기원으로 삼자는

견해들이 있지만 이를 채택할 만한 이치나 공익公益이 없다.

④ 공자기년: 공자기년만이 중국에 가장 적합하다.

공자는 중국의 교주로서 중국 제일의 인물이며,

이는 전국이 공인하는 바다. 또한 중국사가 복잡하지만

기록할 수 있는 것은 대부분 공자 이후의 일이다.

따라서 기독교나 이슬람교의 예를 따라 공자로

기년한다면 마땅하고도 변치 않는 규범이 될 것이다.

사마천이『사기』를 쓸 때에도 자주 이를 사용했다._24

제왕의 연호를 사용하는 것에 대한 비판과 새로운 기년 방식에 대한 논의에는 서구 열강, 청 왕조, 내셔널리즘의 맞부딪침이 그대로 녹아 있다. 내셔널리즘 형성에 있어서 무엇보다 역사가 중요하다고 여겼던 량치차오는, 중국을 구하려면 '사학혁명史界革命'이 일어나야 한다고 주장했다. 이러한 주장을 본격적으로 펼친「신사학新史學」에서, 량치차오는「중국사서론」에서의 기년에 관한 논의를 되풀이하면서 공자기년을 다시금 강조했다.

그는 강학회 사건, 즉 강학회 회원들이 공자기년을 두고서 "이는 지금 왕의 정삭을 받들지 않는 것이오. 예수를 모방하는 것이오"라며 아연실색했던 일을 떠올린 뒤에 다음과 같이 공자기년의 장점을 강조했다.

> 이(공자)로써 기념하면 네 가지 장점이 있다.
> 부호가 간단하고 기억하기 쉽다는 것이 첫 번째다.
> 민적民賊에게 종속되어 정통과 비정통을 놓고 분쟁할 필요가
> 없다는 것이 두 번째다. 공자는 우리나라의 지성至聖이므로,
> 이로써 기념하면 교주를 존숭하는 마음을 불러일으킬 수
> 있어 애국 사상 역시 자연스럽게 생겨나게 된다는 것이
> 세 번째다. 국사國史가 많지만 기록할 수 있는 것은
> 대부분 공자 이후이므로 공자로써 기념하면 매우 편리하다.
> 공자 이전의 일은 서력기원의 예를 따라 공자 이전으로
> 거꾸로 헤아리면 된다. 이에 해당되는 일은 많지
> 않으므로 병폐라 할 것도 없다. 이것이 네 번째다.
> 이 네 가지로 인해 공자기원은 아무리 오랜 세월이
> 흐른 뒤라도 미혹됨이 없을 것이다. —28

여기서 주목할 표현은 '민적民賊'과 '애국 사상'이다. '민적'이란 역대 전제군주를 가리키는 것으로 량치차오는 「중국이 계속해서 약해진 원인中國積弱溯源論」[29]이라는 글에서 백성을 해치는 민적을 신랄히 비판한 바 있다. 수천 년 동안 민적이 국가를 한 집안의 사유재산私産으로 여겨왔으나 이는 공공재산公産인 '국가'를 원래 주인인 국민으로부터 빼앗은 것으로, 이를 빼앗기지 않기 위해 민적이 원래 주인의 기를 꺾고 지혜와 힘을 소진시켜 단결하지 못하게 하고 움직이지도 못하게 했다고 비판했다. 또한 24왕조 정사政史의 성취는 민을 어리석고 유약하게 만들어 뿔뿔이 흩어지게 한 데 있을 뿐이라고 신랄하게 꼬집었다.

국가를 국민의 것으로 만들기 위해서는 무엇보다 먼저 자신이 주인임을 국민 스스로 알도록 하는 일이 시급했다. 역사의 중요성과 사학혁명의 시급함에 대한 강조, "24사는 역사가 아니라 스물네 가문의 족보家譜일 뿐"[30]이라는 비판은 모두 과거와의 단절과 민족의식의 재구축을 위한 전략이다. 민족의식이 또렷이 생겨나야만 적자생존의 세계에서 서구 열강으로부터 중국을 구할 수 있다고 량치차오는 믿었던 것이다.

'왕조'의 역사가 아니라 '민족'의 역사를 시간화하는 방식으로 량치차오는 공자기년을 선택했다. 그가 주목한 공자기년의 장점은 바로 민적과의 고리 끊기, 그리고 애국심의 함양에 있었다. 역대 왕조가 그토록 존숭해왔던 공자가 어느덧 민족의 이름으로 왕조와 대척점에 서게 된 것이다. 바로 이 지점에서 다음에 논의할 황제기년과 공자기년의 교집합적 접점을 찾아볼 수 있다.

량치차오의 「신사학」에 대하여

1902년에 량치차오는 『신민총보新民叢報』를 창간했다. 그리고 여기에 사회혁명을 외친 「신사학」을 발표했고 『신민설新民說』도 연재하기 시작했다. 당시 서른이 된 량치차오의 "문장과 명성은 낙엽을 쓸어가는 가을바람처럼 거셌다."[25] 그는 "중국의 여론계를 장악한 지도자로 여겨"[26]지고 있었다.

량치차오가 부codec었던 『새로운新民』에 독자들은 열광했다. 『신민총보』의 판매 부수는 매달 1000부씩 늘어나 1903년에 9000부까지 늘어났고 후에 다시 1만4000부로 급증했다.

량치차오는 역사야말로 국가 대 국가의 경쟁에서 살아남을 수 있는 저자생존의 열쇠라고 여겼다. 그는 「신사학」을 통해, 사회야말로 학문 가운데 가장 중요한 것으로 "국민의 밝은 가울이자 애국심의 연천"[27]이라고 주장하면서, 우승열패의 세계에서 중국인이 강건하게 사고자 한다면 사회혁명이 일어나야 한다고 주

량치차오(1873~1929)

장했다.

그는 수천 년 동안 중국 역사가들이 답습해온 네 가지 패턴과 그로 인해 생겨난 두 가지 병폐를 지적했다. 조정이 있음은 알되 국가가 있음은 몰랐던 것, 개인이 있음은 알되 집단이 있음은 몰랐던 것, 지난날이 있음은 알되 지금 힘써야 할 바가 있음은 몰랐던 것, 사실事實이 있음은 알되 이상理想이 있음은 몰랐던 것이 바로 '구사舊史'의 네 가지 패턴이다. 사건을 나열하여 서술할 줄만 알았지 중요한 일들을 안목 있게 가려낼 줄은 몰랐던 것, 그대로 모방할 줄만 알았지 새롭게 지술할 줄은 몰랐던 것이 바로 두 가지 병폐다. 량치차오는 중국의 모든 역사서가 『사기』나 『통전通典』을 그대로 모방한 '노예성'으로 인해 사상이 앞으로 나아가지 못했다고 통탄했다.

량치차오의 사학혁명은 역사를 왕조의 부침淸沈, 개인의 영웅담, 과거의 기념비, 사실의 나열로 보는 대서 벗어나게 하여 한 집단(국가)의 흥망성쇠와 진화의 서술이자 현재를 위한 거울이며 미래의 예측으로 만드는 것이었다. 이런 역사 인식은 철저하게 진화론적이다.

그가 신봉한 단선론적 · 진화론적 · 계몽주의적인 역사는 바로 거대담론으로서의

역사였다. 량치차오는 진보로서의 역사를 끊임없이 강조하며 그 역사의 주체로서 민족을 동원하고자 애썼다. 그는 중국인들에게 나라를 위해 기꺼이 목숨까지 내놓을 수 있는 '민족'으로서의 중국인, 국민으로서의 자격을 갖춘 '신민新民'이 될 것을 요구했다.

■

중국의 역대 제왕들은 황제黃帝를 왕실의 조상으로 삼아 정치적 권위를 강화하
고자 했다. 그런데 만청 이후로 황제는 더 이상 왕실에 독점되지 않고, 민족의 공
동 시조로 간주되기 시작했다. 만청 시기 '황제'라는 문화 부호가 '황통'의 맥락에
서 '국통'의 맥락으로 편입되는 배경은 선쑹차오沈松僑가 「나는 나의 피를 헌원에게
바치리-황제신화와 만청의 민족 건설我以我血薦軒轅-黃帝神話與晚淸的國族建構」(『臺
灣社會硏究季刊』第28期, 1997.12)이라는 글에서 상세히 다루었다. 선쑹차오는

황제기념의
논리

  우승열패의 사회진화론은 만청 시기 지식인들의 세계관을 지배
했다. 경쟁력을 갖춘 민족만이 살아남을 수 있다고 믿었기에, 민족
이 경쟁력을 갖추도록 민족의식을 일깨우는 것, 이것이 바로 그들
이 스스로에게 부여한 소임이었다. 그런데 그들이 상상한 민족의
내용은 균일하지 않았다. 한족만으로 구성된 중국 민족, 그리고 청
나라 영토 안에 있는 모든 민족을 포함한 중국 민족 개념이 서로
겨루고 있었던 것이다.

  한족만의 중국 민족을 상상하고 이를 구체적인 담론의 장으로
끌어들인 자들은 혁명파다. 이들은 만주 왕조를 무너뜨릴 수 있는
동력으로 한족주의를 택했고 한족의 시조로 '황제'를 동원했다. 그
리고 황제는 마침내 황통皇統의 상징에서 국통國統의 상징으로 탈바
꿈하게 되었다.■

  민족의 시조로 거듭난 황제는, 민족 역사의 기원으로서 민족의
진화를 이끌어나갈 시발점에 자리하게 되었다. 이로써 황제는 역사

이 글에서 '만청 시기 상상의 공동체로서의 민족의 건설과 황제 신화의 관계'에 대하여 논하면서, 황제와 관련된 기록을 도큐먼트document가 아닌 텍스트text로서 봐야 한다는 시각을 제시했다. 그는 민족이라는 상상의 공동체의 형성이, 진공 상태에서 이루어진 것이 아니라 자신들의 역사 기억으로부터 발굴해낸 문화 부호를 매개로 이루어졌음을 지적하면서 황제는 바로 민족의 건설 과정에서 발굴된 문화 부호임을 밝혔다. 또한 그는 황제기념과 공자기념의 논쟁을 서로 다른 민족 서사의 정면대결로 파악했다.

의 시간좌표인 기념의 기능을 수행할 수 있는 당위성과 역량을 갖추게 되었다. 혁명파는 이 점을 놓치지 않았다. 혁명파의 대표 논객 류스페이劉師培의 「황제기년론黃帝紀年論」(1903)에는 황제기념을 주장한 이유가 명확히 드러난다.

> 민족이란 국민의 고유한 성질이다. 무릇 민족이란
> 그 기원을 거슬러 올라가지 않을 수 없다.
> 우리 4억 한종漢種의 시조는 누구인가?
> 바로 황제 헌원씨軒轅氏다. 황제야말로 문명을 만든
> 일인자이며 4000년 역사를 연 사람이다.
> 그러므로 황제의 사업을 계승하고자 한다면 황제의 탄생을
> 기념의 시작으로 삼아야 할 것이다._31

류스페이는 황제의 탄생을 기념의 시작으로 삼을 것을 주장한 데 이어서, 서양에서는 예수로 기념하고 이슬람 각국은 무함마드로 기념하지만, 중국에서는 군주의 연호를 사용하다가 최근 들어 캉유

웨이·량치차오 등이 중국의 기년이 그릇됨을 알고 공자로 기년하고
자 한다는 사실을 언급한다. 이제 그의 논의는 공자기년에 대한 비
판으로 이어진다. "그들은 보교保敎를 종지로 삼기 때문에 공자 탄
생을 기년으로 사용하려는 것이지만, 우리는 보종保種을 종지로 삼
기 때문에 황제 탄생을 기년으로 사용하려는 것"이라는 언급에는,
그 당시 보교(공자)/보종(황제)으로 구별되던 대립 구도가 극명히 드
러나고 있다. 류스페이는 황제기년의 장점을 다음과 같이 보았다.

> 황제로 기년하면 세 가지 장점이 있다.
> 황제 이전의 역사 사실은 적지만 공자 이전의 역사
> 사실은 많으므로, 황제로 기년하면 사실을 기록하기가
> 간편해지고 뒤에서 앞으로 거슬러 올라가야 하는
> 어려움이 없다는 것이 첫 번째 장점이다.
> 일본은 나라를 세움에 진무 천황神武天皇으로 기년함으로써
> 건국의 기원을 거슬러 올라갈 수 있다. 중국의 제왕은
> 잦은 왕조 교체로 인해 일본의 만세일계萬世一系 군통과는

류스페이(1884~1919)

다르지만 예로부터 지금까지 한족으로서
중국을 지배한 자 가운데 그 누가 황제의 후손이 아니던가!
따라서 중국에 황제가 있는 것은 일본에 진무 천황이
있는 것과 같다. 일본을 따라 그 좋은 점은 채택해야 하니,
이것이 두 번째 장점이다.
중국의 정체政體는 전제의 극점에 이르렀는데,
이는 천하를 군주의 사유私有로 여긴 데서 비롯되었다.
지금 황제로써 기념하면 군주의 연호는
단순한 공문空文이 되어 왕이 귀하다는 주장 역시
자연히 타파될 것이니, 이것이 세 번째 장점이다.―32

　부호로서 간편하고, 하나로 이어져온 민족의 역사를 나타낼 수
있고, 전제군주제에 반대할 수 있다는 점이 바로 류스페이가 내세
운 황제기념의 장점이다. 이는 량치차오가 주장했던 공자기념의 장
점과 비교해볼 때 크게 다르지 않다. 다른 점은, 황제를 일본의 진
무 천황에 빗대어 '하나'로 이어져온 한족을 부각시키고자 했다는

것이다. 류스페이가 황제기년을 주장한 궁극적인 의도는 다음 문장
에 분명히 드러난다.

> 아! 북적北敵이 틈새를 타서 중화로 들어와 주인 노릇을 한
> 것은 고금이래의 일대 변고가 아닌가! 따라서 한족이
> 위급한 상황에서 한족의 생존을 지키고자 한다면 반드시
> 황제를 높이는 일을 급선무로 삼아야 한다. 황제는 한족의
> 황제이니, 그로써 기년한다면 한족이라는 민족의 감각을
> 자극할 수 있을 것이다. 위대하구나, 황제의 공적이여!
> 아름답구나, 한족의 백성이여!
> 황제 탄생 4614년 윤5월 17일에 쓰다.⁻³³

이처럼 '북적北敵'으로 표현한 만주족과 대립하는 부호로서 황제기
년은 배만排滿 혁명의 무기였다고 할 수 있는데, 류스페이는 『양서攘
書』「호사胡史」편(1903)에서도 "황제 탄생으로 기년하여 이방異邦의 이
속異俗을 확실히 제자리로 돌아가게 함으로써 감히 침범하지 못하도

캉유웨이가 「중국에서는 오직 입헌만이 실행 가능하며 혁명은 실행 불가함을 논하며, 남북 미주의 모든 화상에게 보내는 답신答南北美洲諸華商論中國止可行立憲不可行革命書」(1902)에서 배만 혁명을 반대하고 보황保皇의 입장을 표명했는데, 이에 반박하여 장타이옌이 그에게 보낸 공개서한이 「혁명에 대한 캉유웨이의 논의에 반박하는 편지」다. 미주 화교 보황회保皇會 회원들이 청 왕조에 실망하여 혁명으로 전향하고픈 의사를 캉유웨이에게 전달하자, 캉유웨이는 그들에게 편지를 써서 혁명으로 청 왕조를 뒤엎는 것에 대한 반대 의견을 강력히 표명했다. 그의 반대 이유는 다음의 네 가지였다. 혁명은 잔혹하다, 국정國情이 특수하다, 혁명은 다른 나

록 한다면, 오랑캐가 화하華夏를 잇는 재앙은 점차 흔적도 없이 사라질 것이다"[34]라고 분명히 밝혔다.

류스페이의 「황제기년론」이 발표된 1903년은 황제기년에 관한 담론이 실천으로 옮겨진 해이자 '소보蘇報 안案'이 발생한 해이기도 하다. 1903년 쩌우룽鄒容은 『혁명군革命軍』이라는 소책자를 냈고, 장타이옌章太炎은 「혁명에 대한 캉유웨이의 논의에 반박하는 편지駁康有爲論革命書」[35]라는 글을 발표했다.￭

장타이옌의 이 공개서한은 배만의 수위에 있어서 전대미문의 글이었다. 이 글에서 그는 양주십일揚州十日과 가정삼도嘉定三屠에서부터 무술정변戊戌政變에 이르기까지, 만주족 청 왕조가 한족을 핍박한 죄상을 나열하며 만주족과 한족의 불평등을 역설했다. 그리고 입헌을 통해 유혈을 피할 수 있다는 캉유웨이의 주장을 반박하며, 청왕조에 기대를 거는 것은 천진한 꿈이라고 지적하면서 혁명을 하면 피를 흘릴 수밖에 없지만 입헌은 더 많은 피를 흘려야 한다고 주장했다. 장타이옌의 글이 논란을 불러일으켰던 가장 큰 이유는, 광서제를 두고 "재첨이라는 새끼는 아무것도 모르는 숙맥載湉小丑, 未辨菽

라의 간섭을 초래한다. 광서제는 성스럽고 인자하다. 당시 캉유웨이의 명성이 대단했던 만큼 혁명파로서는 이에 대한 반박이 필요했다. 그래서 장타이옌이 그에 대한 공개서한을 발표한 것이다.

■■

쩌우룽은 옥살이를 하다가 1905년에 스물한 살의 나이로 죽었다. 장타이옌은 1906년 감옥에서 나와 일본으로 건너간 뒤 쑨원孫文의 동맹회同盟會에 참여하여 『민보民報』의 편집을 주관하며 유신파와 논전을 펼쳐나갔다.

麥"이라는 최고 수위의 경멸을 던졌기 때문이다. 황제의 이름을 직접 대놓고 부르는 것도 감히 상상하기 어려운 일인데, 새끼·숙맥이라는 표현을 동원했으니 그 파장은 가히 예상된 것이었다.

『소보』에서는 『혁명군』의 내용을 소개하며 독자들에게 일독을 권했고, 장타이옌의 글을 절록節錄했다. 또한 장타이옌은 『『혁명군』 서序』를 직접 써서 『소보』에 싣기도 했다. 청 정부는 분노했고, 『소보』는 정간되었으며, 장타이옌과 쩌우룽에게는 각각 3년과 2년형이 선고되었다.■■

『소보』 안을 촉발시킨 『혁명군』에서는 철저한 종족 서사 속으로 황제를 끌어들였다.

> 중국은 중국인의 중국임을 알아야 한다. 중국의 땅은 우리 시조 황제께서 전해주신 것이다. (…) 안으로는 만주인의 노예로서 만주인의 포학에 시달리고 밖으로는 열강의 공격을 받으면서 겹겹의 노예가 되어 장차 망종과 멸종의 어려움이 닥칠 것이니, 이것이 바로 우리 황제의 신령스러운

載湉小丑, 未辨菽麥

재첨이라는 새끼는 아무것도 모르는 숙맥

광서제(1871~1908).
애신각라 재첨이 광서제의 이름이다.

천톈화(1875~1905)

한종漢種이 오늘날 혁명 독립을 부르짖는 이유다._36

　쩌우룽은 '우리 시조 황제' '한종' '황제의 자손' '우리 위대한 한족' '피로 연결된 동포' 등의 표현을 되풀이해 쓰며, 황제 자손=한종(한족)=동포의 개념을 계속해서 환기시키고 있다. 이상의 기표들이 '피'를 연상케 하면서 황제를 구심점으로 혁명의 에너지를 끌어당기는 극적인 효과를 거두고 있는 것이다. 그렇게 모아진 에너지는 '안으로는' 만주족의 노예 상태에서 벗어나고 '밖으로는' 열강의 공격이라는 위기에서 벗어나는 데 아낌없이 사용될 터였다.

　천톈화陳天華 역시 『경세종警世鍾』(1903)에서 황제를 내세우며 한족의 단결을 호소했다.

　　문명 각국은 외부 종족이 자기 나라를 점령하려고 하면
　　전 종족이 싸우다 죽을지언정 결코 외부 종족의 노예가
　　되고자 하지 않는다. (…) 오직 중국인만이 지금껏
　　종족의 구별이 있다는 것을 모르고 있다. (…) 한종은

世界第一之民族主義大偉人黃帝

中國民族開國之始祖

『황제혼黃帝魂』(1903)에 실린 황제. 위쪽에는 "세계 제일의 민족주의 대위인 황제世界第一之民族主義大偉人黃帝", 아래쪽에는 "중국 민족 개국의 시조中國民族開國之始祖"라고 적힌 문구가 있다.

하나의 큰 겨레이고 황제는 대시조이니, 한종이 아니면
황제의 자손이 아니고 모두 외족이므로 결코 그를 도와서는
안 되며, 그를 돕는 것은 조상이 필요 없다는 것이다.
조상이 필요 없는 사람은 바로 짐승이다. (…) 깨어나라!
깨어나라! 빨리 빨리 깨어나라! 빨리 빨리 깨어나라!
죽은 사람처럼 잠들어 있지 말라.-37

이 인용문은 당시 민족주의 담론의 기본적인 얼개를 보여주고
있다. 황제를 시조로 한 황제의 자손, 즉 한종은 죽음을 불사하고
다른 종족外種·外姓과 싸워야 한다. 종족의 구별을 아는 중국인이야
말로 노예가 아닌 문명국의 당당한 일원이 될 수 있다. 구국을 가
능하게 해주는 것은 애국의 마음이고 그 마음은 바로 종족적(민족
적) 자각에서 나온다. 바로 그러한 자각의 촉매자가 황제인 것이다.

류스페이와 마찬가지로 쩌우룽과 천톈화 역시 황제를 통해 민족
의 감각을 자극하고자 했던 것이다. 이 시기 공자기념이 아닌 황제
기념이 주도권을 장악할 수 있었던 것은, '피'의 서사를 통해 한족의

억압과 상처와 분노를 자극하는 전략이 주효했기 때문이다. 혁명파가 보기에 한족이 만주족의 압제로부터 벗어나기 위해서는 종족 혁명이 필요했고, 거기에 필요한 '피'의 상징을 황제가 담보하고 있었던 것이다. '왕조'의 기년이 아닌 하나로 이어져온 '중국'의 역사를 위한 기년의 방법을 모색했다는 점에서, 유신파의 공자기년과 혁명파의 황제기년은 맥락을 같이하고 있었다. 기년은 단순한 아라비아숫자의 순차적 나열이 아니라 그 기년을 사용하는 공동체의 근원과 맞닿아 있는 것이었다. 한족의 종족성을 강조한 혁명파는 황제기년을, 문화적 요소를 강조한 유신파는 공자기년을 선택했다. 양자 모두 공동체 의식을 겨냥하고 있었지만, 대대손손 이어져온 '나의 뿌리'라는 혈연적 상징이 담긴 황제기년이 더 강한 호소력을 지니고 있었다. 민족이란 그 기원을 거슬러 올라가면 최초의 지점에서 하나로 만난다는 개념은, 개체의 유한한 생명을 초월한 불멸의 영원성이라는 감각을 일깨움으로써, 나는 죽을지언정 국가와 민족은 영원하므로 국가와 민족을 위해 기꺼이 자신을 희생할 수 있는 데까지 나아가게 할 수 있다. 왕조를 위해 목숨을 내놓지는 않지만 국가

"영대는 신의 화살을 피할 길 없고, 세찬 비바람이 고향을 어둠에 빠뜨리는구나. 차가운 저 별에 마음을 기탁해보아도 님은 살펴보지 않으니, 나는 나의 뜨거운 피를 헌원에게 바치리라靈臺無計逃神矢, 風雨如磐暗故園. 寄意寒星荃不察, 我以我血薦軒轅."(魯迅, 「自題小像」『魯迅集外集拾遺』, 北京:人民文學出版社, 2006) 이 시는 1903년 루쉰이 스물세 살 때 도쿄에서 쉬서우창許壽裳에게 보낸 것이다. 이 시의 황제 부호가 상징하는 것은 아큐阿Q, 공을기孔乙己 등의 민족과 동포이고 이것이 만청 민족의식의 대두와 관계가 있음은 선쑹차오의 「나는 나의 피를 헌원에게 바치리―황제신화와 만청의 민족 건설」(6쪽)에 명쾌한 설명이 나와 있다.

와 민족을 위해서라면 기꺼이 가능한 것은 바로 그러한 불멸의 영원성에 대한 감각 때문일 것이다. 이것이 바로 '국통'의 상징으로 전환된 황제의 의미이고, 그래서 루쉰魯迅은 "나의 피를 헌원軒轅(황제)에게 바치리라"라고 노래했던 것이다.

1903년을 계기로 『강소江蘇』『황제혼黃帝魂』『절강조浙江潮』『20세기의 지나支那』『동정파洞庭波』『한치漢幟』 등 혁명을 주장하는 잡지들에서 잇달아 황제기년을 사용했다. 불과 7년 전만 해도 『강학보』가 정간될 정도의 힘을 보유하고 있었던 청 왕조는 이제 노골적인 황제기년의 사용에도 대응할 수 없는 신세가 되었다.

황제기년이 점점 더 많이 유포될수록 극복해야 할 문제가 있었는데, 그것은 바로 황제기년에 쓰인 연도가 제각각이었고 그 편차 역시 심했다는 점이다. 1903년 같은 해를 두고도, 『강소』에서는 '황제기원 4394년'이라고 하는가 하면 『황제혼』에서는 '황제기원 4614년'이라고 했다. 장타이옌의 경우, 1903년 『절강조』 제9기에 발표한 「선위시를 추도하는 글祭沈禹希文」에서는 "황제 4394년 가을 7월"이라고 했다가, 이 글을 『선진沈藎』에 실으면서는 "황제 4614년 가을 7월 초

선위시沈禹希, 즉 선진沈藎은 무술변
법이 실패한 이후 일본으로 건너갔다.
일본 유학 후 귀국한 그는 반청활동을
하던 중, 러시아의 침략과 청나라 조
정의 매국을 공격하는 글을 썼고 결국
체포되어 처형되었다. 이때 장타이옌
은 감옥에서 이 소식을 듣고 그에 대
한 추모의 글을 썼다.

하루"라고 고쳤다.■ 그 후 『국민일일보회편國民日日報匯編』에 이 글을
다시 실으면서는 연도 부분을 아예 빼버렸다. 이러한 혼란이 계속
되다가 마침내 1905년 쑹자오런宋教仁이 황제기년에 관한 여러 설과
『황극경세皇極經世』『통감집람通鑑輯覽』 등을 참고하여 황제 즉위년을
기준으로 1905년을 4603년으로 정했으며, 같은 해에 동맹회同盟會의
기관지인 『민보民報』 창간호에서 이를 채택함으로써 황제기년이 널리
공인되었다.—38

  황제기년을 사용하는 데 있어서 장타이옌이 보여준 혼란은 좀
더 분석해볼 필요가 있다. 흥미롭게도 그는 「『혁명군』 서」의 마지막
에 날짜를 기록하면서 "공화共和 2744년 4월"이라는 공화기년을 사
용했다.—39 1903년에 그는 두 종류의 황제기년을 사용하면서, 공화
기년도 사용한 것이다. 중국이 오랑캐에게 먹힌 지 260년 동안이
나 압박과 포학에 시달려왔기에 혁명을 외칠 수밖에 없음을 강조
하는 「『혁명군』 서」에서라면 한족의 시조인 황제로 기년하는 것이
훨씬 더 극적 효과를 거둘 수 있지 않았을까? 그런데 왜 장타이옌
은 공화기년을 택했을까? 이에 대한 답은 그가 첸쉬안퉁錢玄同에게

••
'공화'는 841년부터 주공周公과 소공검
公이 함께 정치를 했던 시기를 가리키
는데, 『사기』 「십이제후연표十二諸侯年
表」에 기록된 첫 번째 연도가 바로 공
화원년이다. 그래서 장타이옌은 이때
부터 비로소 확실한 연도를 알 수 있
다고 생각했던 것이다.

보낸 편지에서 찾을 수 있다. 장타이옌은 1906년 12월 13일 첸쉬안
퉁에게 편지를 써서 "중국의 기원紀元에 관해서는 오직 공화를 취
하는 것이 옳다고 여긴다"고 했다.[40] 장타이옌 역시 황제기년의 효
용을 모르지 않았지만, 황제의 연대에 관해 사람들마다 견해가 다
르고 아무런 증거가 없다는 사실이 문제였다. 혁명가이자 역사학자
인 그로서 굉장히 곤혹스러워했음이 분명하다. 1906년이면 장타이
옌이 청 왕조를 피해 일본으로 건너가 『민보』의 편집을 맡고 있을
때이고, 『민보』에서는 이미 1905년부터 황제기년을 채택하고 있던
터였다. 이런 상황에서도 그가 공화기년을 주장한 이유는, 역사의
시간좌표인 기년의 확실성과 신뢰성을 간과할 수 없었기 때문일 것
이다.**••**

이는 일찍이 1901년에 량치차오가 「중국사서론」에서 황제기년을
두고 "역사 기록이 불분명하여 연대를 확정할 수 있는 근거가 없다"
고 평가했던 바이기도 하다. 근거가 분명하되 유신파의 공자기년과
는 다른 기년법을 모색한 결과, 장타이옌은 공화기년을 대안으로
찾아냈던 것이다. 첸쉬안퉁 역시 1910년 「공화기년설共和紀年說」[41]이

라는 글에서 황제기년의 불확실성과 공화기년의 확실성을 대비하며
공자기년을 주장했다.

그런데 얼마 지나지 않아 기년에 관한 이러한 논의들은 단번에
정리되었다. 신해혁명으로 청 왕조가 무너지고 그 이듬해인 1912년,
쑨원이 임시 대총통으로 취임함과 동시에 '황제기원 4609년 11월
13일', 즉 1912년 1월 1일을 '중화민국 원년 원단'으로 정한다고 각
성의 도독都督에게 타전했던 것이다.-42■

1912년이 중화민국 원년이 되었고 이제 민국기년이 황제기년을
대체할 터, 거칠게 말하자면 황제기년은 용도폐기된 것이다. 중화민
국 임시정부가 성립되자 쑨원은 기존에 혁명파가 내걸었던 '배만'의
구호에서 '오족공화五族共和'로 급선회한다. 그는 1912년 1월 1일 「임
시대총통선언서臨時大總統宣言書」-43에서 한漢·만滿·몽蒙·회回·장藏의
통합을 통한 민족의 통일을 주장했다. 배만을 주장할 때에는 절실
히 필요했던 '황제'라는 상징이, 이제 '오족공화'라는 구호가 '배만'의
구호를 대체해야 하는 상황에서는 도리어 껄끄러운 존재가 되어버
린 것이다. 황제도 황제기년도 역사적 소임을 마치고 무대 뒤편으로

퇴장해야 했다.

　그런데 기념에 관한 새로운 문제가 대두하게 된다. 일찍이 량치차오가 "언젠가는 반드시 모든 나라가 한자리에 모여서 기념에 관하여 논의하게 될 것"이라고 예견했던 그 시점이 다가온 것이다. 논의조차 불필요했다. 서력기원이 압도적으로 세계를 장악해나갔던 것이다. 1910년에 공화기년을 지지하는 글을 썼던 첸쉬안퉁이 1919년에 '기독基督기년', 즉 서력기원을 주장하게 된 것 역시 그런 맥락에서였다. 그는 「중국이 세계공력기년을 사용해야 함을 논하다論中國當用世界公曆紀年」[48]라는 글에서, 기존에 논의되어왔던 공자기년·황제기년·공화기년·민국기년 등을 언급하며 공자기년과 황제기년에 대한 반대 의견을 밝혔다. 모든 이에게 공자를 믿으라고 할 수 없기에 공자기년에 반대하고, 협의의 민족주의를 주장할 수 없기에 황제기년에 반대한다고 말이다. 한편 공화기년과 민국기년에 대해서는 그 존재 가치를 인정했다. 그러면서도 그는 "그러나 현재 이후의 중국은 세계의 일부분이고, 이후의 중국인은 세계 인류의 일부분"이기에 과거와 현재를 막론하고 모든 일을 논하려면 세계와의 관련을 고려

해야 하는 만큼 공화기년과 민국기년은 적당한 기년법이 아니므로 "중국은 명쾌하게 세계공력기년을 사용해야 한다"고 주장했다. 또한 "기독교를 믿지 않는 사회에서 사용하는 데에는 아무런 종교적 의미가 들어 있지 않다"며 교주教主 문제를 비켜가기도 했다. 세계에서 이미 통용된다는 것, 즉 『순자』에서 말한 '약정속성約定俗成'[49]의 이치가 바로 그가 서력기원을 주장한 논리의 핵심이다. 이제 기념은 단지 '세勢'일 뿐이며, 전 세계 '공물公物'의 입장에서 접근해야 할 문제였던 것이다.[50]■

기념이란 "연대를 표시하는 부호에 불과하지 거기에 어떤 심각한 의미도 없다"는 류쓰푸의 견해에 첸쉬안퉁은 적극 동의한다. 중국이 서력기원을 받아들이기 위해서는 이처럼 기념에서 의미를 제거하고 그것을 단순한 도구로 바라보는 시각, 즉 기념의 '탈의미화'가 수반되어야 했던 것이다. 기념을 애국과 연결지으려는 이들에게 첸쉬안퉁은, "설마 나라의 존망이 그까짓 기념에 달려 있겠는가?"라며 조소를 보낸다. 일찍이 한족이 위급했던 상황에서 절실히 필요로 했던 황제기념의 의미가 이제는 필요 없어진 것이다. 기념은 그저 의미가 텅 빈 단순한 부호에 불과한 것으로 말해져야만 했다. 기년의 탈의미화를 통한 서력기원의 인정, 대세는 이렇게 굳어지고 마침내 1949년 성립된 중화인민공화국에서는 서력기원公曆을 국가 공식 기년법으로 채택했다.

쑨원의 오족공화론과 량치차오의 대민족주의

"구제달로驅除韃虜, 회복중화恢復中華", 즉 "오랑캐를 몰아내고 중화를 회복하자"라는 배만 혁명의 구호는 강력했다. 이는 우수한 한족과 열등한 만주족의 구도라는 사회진화론에도 딱 들어맞았다. 위대한 중국을 열강의 먹잇감 신세로 전락시킨 무능한 만주족 정부의 타도를 외치며 혁명파가 청 왕조를 무너뜨렸다. 이제 한족의 중국을 만들 차례가 되었지만, 혁명파의 견해는 수정돠어야 했다. 청 제국이 남긴 막대한 영토이 장애이라는 문제에 직면했기 때문이다.

중화민국 임시정부가 성립된 이후 쑨원이 오족공화론을 제기한 것 역시 영토이 보존이라는 문제 때문이다. '배만'이 '오족공화'의 구호로 바뀐 이 엉청난 변화에 대해 그는 과연 어떻게 타당성을 부여했을까? 쑨원은 과거 혁명파가 주장한 배만 혁명은 만주족으로 인한 중국 분명등과 정치 불명등을 제거하기 위한 혁명이었는데, 이제 혁명이 성공으로 그러한 불명등이 해결되었으니 오족이 한마음으로 힘을 합쳐 나라를 함께 꾸려가야 한다는 논리를 내세웠다. 이는 "중국이 세계

제일의 문명대국이 되도록 하는 것은 우리 오대大 민족이 함께 짊어져야 할 큰 책임"이라는, 강국의 꿈을 향한 민족 동원의 서사[44]로 이어진다. '베이징'에서 '오족공화'로의 전격적인 변화이 이어 쑨원의 민족론은 1920년대에 들어서면서 다시 한번 변모한다. 그것은 바로 중국 내 모든 민족을 융합하여 '중화민족'을 만들지는 것이다. 그런데 그가 주장한 중화민족이 헤게모니는 한족에게 있었다. 만주족·몽고족·회족·티베트족을 '우리' 한족에 '동화'하도록 하여 대민족주의 국가를 이루자고 쑨원은 말한다. "미국과 더불어 각가 동반구와 서반구를 대표하는 대민족주의 국가"가 되자는 그의 호소[45]에는 아킹없이 강국의 꿈이 녹아 있다. 한편으로는 만주·몽골·티베트에 영향력을 행사한 일본·러시아·영국이라는 열강을 의식하지 않을 수 없었기에 쑨원의 동화론에는 중국 분할의 공포가 여전히 작동하고 있었다. 만주·몽골·티베트가 지들 열강에 의지하는 것은 자위自衛 능력이 부족하다는 증거이므로 그들이 '우리' 한족에게 의지하도록 도와주어야 한다고

쑨원은 말한다. 그 방법이 바로 한족을 중심으로 하여 그 외 민족을 '우리'에게 동화하도록 하는 것이었다. 그가 말한 '중화민족'은 결국 각 민족이 평등한 관계에서 하나가 된 것이 아니었다. 그것은 확장된 한족의 다른 이름일 뿐이었다.

쑨원이 말한 대민족주의나 중화민족이 새로운 개념은 아니었다. 일찍이 혁명파가 배만을 주장하던 시기, 량치차오는 1903년에 대민족주의를 주장했다. 그가 말한 대민족주의란, 중국 내 모든 민족을 통합한 개념이다.[46] 량치차오가 '대'민족주의라는 용어를 사용한 것은 배만을 주장한 혁명파를 겨냥한 것이다. 거기에는 혁명파가 접착한 한족의 민족주의를 '소'민족주의'라고 폄하하는 의미가 들어 있다.

그는 또한 '역사상 중국 민족에 대한 관찰歷史上中國民族之觀察'이라는 글에서 중화민족은 본래 하나의 민족이 아니라 실제로는 여러 민족이 혼합하여 이루어졌다고 하면서 중화민족이라는 용어를 최초로 사용했다.[47]

량치차오가 주장한 대민족주의와 중화민족의 개념이 '배만'의 구호에 압도되기는 했지만 일단 민주독 정부를 무너뜨리 혁명이 '중국'의 정체성을 수립하는 데 있어서 량치차오가 제시했던 민족의 개념을 도새감청하게 되었다. 인구 비율로는 7퍼센트에 불과한 비한족非漢族의 영토가 60퍼센트에 달하는 현실, 그 영토에

대한 지배의 정당성을 확보하기 위해 한족 지식인들은 무던히도 애를 썼다. 그리고 '단일일제로서의 중화민족'이라는 현재 중화인민공화국의 민족관은 그들이 느 낌을 이어 받은 것이다. 중국 영토 내의 모든 민족은 '중화민족'이라는 이름으로 하나의 민족이라는 논리에 기초하고 있는 현재 중화인민공화국의 막대한 영토는 청 제국의 유산이다. 중국이 근대 국민국가체제 속에 편입될 때 한족에 의해 타 도된 만주족은 오늘날 중국에게 엄청난 영토를 선사한 셈이다.

기념의 경쟁

087

제3장

황제와 공자의
부활

과연 기년이 탈의미화된 부호인 채로 존재할 수 있을까? 의미를 담보한 기년이 다시 필요해진다면 기년의 의미화가 진행될 것임은 분명하다. 또한 서력기원이 '세勢'에 의하여 공인된 것이라면, 그 '세'에 변화가 생겼을 때 기년에 관한 또 다른 담론의 대두 역시 충분히 가능하다. 오늘날 중국의 '세'에는 커다란 변화가 생겼다. 이와 더불어 황제와 공자가 강력하게 되살아나고 있다. 황제기년과 공자기년이 오늘날 또다시 담론의 주제로 부상한 배경을 알아보기 위해, 황제와 공자가 어떤 양상으로 부활하고 있는지 살펴보자.

생생한
역사 인물로
부활한 황제

　오늘날 중국에서는 하상주단대공정夏商周斷代工程을 시발점으로 중화문명탐원공정中華文明探源工程, 동북공정東北工程 등의 역사 프로젝트들이 지속적으로 진행되면서 중국 역사의 시공간적 범위의 확장이 이루어지고 있으며 이와 더불어 연대학의 의의가 더욱 강조되고 있다. 연대학의 척도가 결여되어 있던 고대사에 연대를 부여함으로써

산시 황제릉의 헌원전軒轅殿. 전 안에는 황제의 석각 부조상이 세워져 있다. 이 상像은 산둥山東 무량사武梁祠의 한나라 때 석각 화상畫像을 본떠 만든 것이다. 무량사의 석각 화상에서 황제는 전설 속 제왕들인 오제五帝의 선두로 등장한다. 다큐멘터리 〈황제〉에 황제릉과 무량사의 황제 형상이 여러 번 등장한다.

중국 고대문명의 틀을 새롭게 구축하기 위한 역사 프로젝트는 무엇보다도 민족 응집력의 강화를 겨냥하고 있다.

최고最古의 중국 문명과 민족의 응집력을 겨냥한 역사 프로젝트 속에서 황제의 의미가 그 어느 때보다 부각되고 있는 지금, 최근에 방영된 역사 다큐멘터리 〈황제〉에 대해 언급하고 넘어갈 필요가 있겠다. 저우빙周兵 감독이 2010년 11월 24일 촬영을 시작한 〈황제〉는 '출세出世' '북융北融' '남합南合' '치세治世' '심도尋道' '영생永生'의 6부작으로 기획되었다. 촬영에 들어가면서 저우빙은 다음과 같이 말했다.

> 〈황제〉는 역사 문화에 대한 집중적인 정리, 고고 발견에
> 대한 정밀한 해독, 신화 전설에 대한 규명 등 다차원적인
> 서술 방식을 통해, 역사·문화·정치·사상 등의
> 여러 시각에서 화하문명을 연 황제의 문치文治와 무공武功을
> 전면적으로 펼쳐 보이고 중화민족의 정신적 토템을
> 다시 빚어낼 것이다. [51]

저우빙은 강조하길, "중국 문화는 지금 역사의 근원을 찾아 올라가고 있으며 부흥 중에 있다. 황제는 화하문명의 근본으로, 우리는 그 근원을 탐구해야 한다"고 했다. 또한 저우빙은 이 다큐멘터리의

배경으로는 산시陝西뿐 아니라 베이징·상하이·홍콩·마카오 등이 포함될 것이고, 각계의 선두를 달리고 있는 100여 명의 화교를 찾아가 황제 문화에 대한 그들의 견해를 인터뷰할 계획을 밝혔다.■

그 뒤 2011년 산시 황제릉에서 거행된 황제 제사에 즈음하여 진행된 인터뷰[52]를 통해서는, "이 다큐멘터리에서 강조하려는 것은 중화문명이 '잃어버린 문명'이나 박물관에 높이 모셔진 골동품이 아니라 황제 시대로부터 끊임없이 성장하고 완비되어 지금까지도 생기로 충만한 문명"이라는 사실이며, "황제는 여전히 살아서 우리와 함께한다"고 밝혔다. 이 인터뷰를 소개한 기사에서, 〈황제〉는 앙소仰韶·용산龍山·홍산 문화의 고고학 성과 및 전문가의 견해를 천문학·지질학 등의 연구 결과와 결합하는 동시에 세계 인류문명 탄생의 공통적인 규율과 대비하여 황제 시대 중화문명의 탄생 과정을 펼쳐 보일 것이라고 했다.

2012년 1월 5일 시안에서 〈황제〉에 대한 전문가 품평회가 열렸는데, 이 자리에서 저우빙은 촬영에서 가장 어려웠던 것이 역사 자료의 부족이었다고 토로했다. 그러면서도 그는 〈황제〉가 고대 신화에 대한 것이 아니라 엄숙한 다큐멘터리임을 강조했다. 제작자 추이전崔眞은 황제를 다각적으로 조명함으로써 중화민족의 정신적 토템을 다시 빚어내고 화하문명의 뿌리를 찾고자 했다고 밝혔다. 학

■ 2012년 1월 5일 시안西安에서 열린 전문가 품평회에서 저우빙은 제작 기간 동안 100명에 달하는 명인과 학자를 인터뷰하면서 다음 주제들에 관한 그들의 견해를 담았다고 보고했다. 황제 시대를 연구하는 데 있어서 애로 사항과 학계의 곤혹, 황제가 후세에 미친 영향, 중국의 오늘과 미래에 있어서 황제의 의의 등이다.(「大型史詩紀錄片〈黃帝〉審片會在西安舉行」, 中國網, 2012.1.10. http://www.china.com.cn)

자 상쯔융商子雍은 "황제는 중화민족의 역사에서 그 어느 것으로도 대체할 수 없는 존재이며, 민족정신을 응집시켜주고 화인華人의 문화적 융합을 촉진시켜주는 존재"라고 했다.[53] 이 품평회에서는 중진급 연구자들의 열띤 토론도 벌어졌다.[54] 고고학자 스싱방石興邦은 이 다큐멘터리가 '시대적 의의'를 지닌다고 평가했고, 중화 염황문화炎黃文化 연구회 부회장인 장시칭張希淸은, 〈황제〉의 촬영 시기가 그 필요성 및 중요성에 있어서 아주 적절했다고 평가했다. 이 다큐멘터리가 중화문명의 근원을 찾는 불씨가 되고 전 지구의 화인들에게 공동의 문화유전자를 전파해주리라는 그들의 기대가 바로 그러한 평가와 관련되어 있다. 저우빙 감독은 〈황제〉를 통해 세상 사람들이 동방문명의 기원과 화하문화의 근원을 알 수 있길 바라며, 중화 5000년 역사가 면면히 이어져온 내재적 기제를 해독하고자 한다고 밝혔다. 총제작자 양러楊樂는 〈황제〉를 통해 중국 5000년의 화하문명을 전 세계에 전파하길 희망한다고 했다.

〈황제〉는 2012년 4월 3일부터 8일까지, CCTV 채널9(다큐채널)를 통해 황금시간대인 저녁 8시에 방영되었다. 주목할 점은, CNC를 통해 이 프로그램이 전 세계에 방영되었다는 사실이다.[55] CNC는 신화新華통신이 중국판 CNN을 표방하며 2010년 1월 출범한 이래, 그해 7월에는 24시간 영어 뉴스채널도 추가되었다. 이는 2008년 베이징올림픽 직후 신화통신·CCTV·인민일보 등 관영 매체의 국제 역량을 강화해 글로벌 미디어로 길러내기 위한 중국 최고지도부의 의지가 반영된 것이다. 중국 관영 매체의 공격적인 글로벌 진출은, 중국의 목소리를 전 세계에 적극적으로 대변하려는 동시에 친중국 여론 형성을 겨냥하고 있다. 이는 문화 소프트파워의 강화를 통해 세계패권을 장악하겠다는 공산당의 핵심 전략과도 관련 있다. 로이 터통신과 블룸버그통신에 맞먹는 규모를 지닌 신화통신을 통해 전 세계에 〈황제〉가 방영되고 있던 기간인 4월 4일 산시 황제릉에서는 황제 제사가 거행되었다. 〈황제〉는 조상을 기념하는 청명절淸明節 삼 일 연휴 기간의 황금시간대에 방영됨으로써 최대의 상징적 효과를 거둘 수 있었다.

이처럼 21세기에는 강력한 홍보 수단인 대중매체가 그 어느 때보 다도 적극 동원되고 있다. 2011년 산시 황제릉에서 거행된 황제 제 사에는 타이완의 국민당 명예주석 우보슝吳伯雄이 참석함으로써 특 별한 의미를 더했는데, 황제의 상에 헌화하는 우보슝의 모습이 중 국의 CCTV와 타이완의 CTV(臺灣中視)를 통해 양안兩岸에 동시 방 영되었다. 이에 대한 기사 내용에 따르면, 황제 제사의 고제악무告祭 樂舞에서는 쑨원과 마오쩌둥이 황제를 찬양한 시에 곡을 붙인 노래 가 처음으로 쓰였다고 한다. 또한 100여 명의 어린이가 「진흥중화부

振興中華賦」를 낭송하여 "민족정신을 전승하고, 시조를 숭배하고, 조국을 축복하고, 민족 진흥을 실현하려는 중화 자손의 아름다운 의지를 전달했다"고 한다.[56] 황제─쑨원─마오쩌둥─우보슝─어린이들, 중국의 시조 황제에서 그 후손으로 이어지는 시간의 흐름과 중국 및 타이완을 아우르는 공간의 결합, 이는 탁월한 관방 민족주의의 연출이다. 신해혁명의 성공과 더불어 정점을 찍고 용도폐기되었던 황제가 또다시 정점에 올라 있음을, 신해혁명 100주년을 맞는 해에 펼쳐진 이 제전에서 확인할 수 있다.

2012년의 황제 제사 역시 '민족 통합'과 '중화의 부흥'을 모토로 치러졌다. 산시성 성장省長 자오정융趙正永이 낭독한 제문祭文에 언급된 주요 용어는, 대국굴기·민부국강民富國强·화해사회·일국양제一國兩制 등이다. 양안의 협력과 56개 민족의 화합을 통한 중화의 부흥이 제문의 핵심 내용이었다.[57]

국가와 민족의 기원을 담아 시조에게 바치는 유가적 국가의례의 주인공 황제가 역사적으로 실재했던 인물이라면, 시조로서의 그의 역할은 극대화될 수 있을 것이다. 중국에서 황제의 역사성을 강조하는 것도 바로 이 때문이다. 저우빙 감독 역시 신화가 아닌 과학·고고·역사적 연구를 통해 황제를 추억하고자 했다. 그는 5000년에서 7000년 사이의 문명이 황제의 역사 시기에 상응한다고 보았다.[58]

2011년 황제 제사에 참여한
타이완의 국민당 명예주석
우보슝

〈황제〉의 촬영 의도와 접근 방식은 중국에서 진행해온 역사 프로젝트들과 너무나 닮아 있다. 즉 '과학'을 앞세워서 황제를 역사적 실체로 만들어내고 있는 것이다. 이 다큐멘터리에는, 2001년부터 시작되어 2015년까지 추진될 예정인 '중화문명탐원공정'의 논리가 고스란히 담겨 있다. 〈황제〉는 중국 문명기원의 다원성에 관한 이야기로 시작되어, 중원 중심의 '다원일체'에 초점을 맞추면서 결국은 중화민족 모두가 황제의 자손이라는 메시지를 전달하고 있다. 황제가 염제炎帝 및 치우蚩尤와 전쟁을 벌인 것은 부득이한 일이었으며 전쟁 뒤에는 서로 화해하고 융화함으로써 결국 통일을 이루었다는 것이 〈황제〉의 주요 서사 맥락이다. 이 서사의 신빙성을 뒷받침하기 위해 수없는 과학적·고고학적 자료가 동원되었다. 구체적 자료를 통해 서사가 도출된 것이 아니라, 서사의 플롯에 따라 자료가 배치된 것이다. 〈황제〉의 플롯을 작동시킨 메커니즘은, 황제를 중심으로 한 염제와 치우의 통합이 결과적으로 그들의 생존과 번영을 가져왔다는 논리다. 5000여 년 전의 황제에 관한 이 다큐멘터리는 과거의 이야기가 아니라 현재와 미래의 중국에 대한 메타포다. 그 안에는, 중화민족의 생존과 번영을 위해서라면 부득이할 경우 무력을 동원해서라도 통합을 유지하겠다는 메시지가 담겨 있다.

이처럼 과거는 늘 현재의 입맛에 맞게 동원되어 현재에 삼켜져

2012년 황제 제사에서 제문을 낭독하고 있는 산시성 성장 자오정융

없어져버린다. 황제가 서아시아에서 왔다는 만청 시기의 담론 역시 이런 맥락에서 이해할 수 있다.▪ 만청 지식인들이 황제가 서아시아에서 왔다는 설에 경도되었던 건 진화론과 인종론 때문이다. 1903년에 장즈유蔣智由가 황제는 바빌론에서 왔다는 라쿠페리의 설을 소개한 이후 류스페이·장타이옌·타오청장陶成章 등이 모두 그 가설을 지지했다.[59] 혁명파인 류스페이·장타이옌·타오청장뿐만 아니라, 캉유웨이 진영에 있던 량치차오 역시 중국 민족이 바빌론에서 기원했다고 믿었다. 량치차오는『중국 학술사상 변천의 대세를 논하다論中國學術思想變遷之大勢』(1902)에서 중국 학술사상의 원천이 모두 '황제 자손'으로부터 나온 것이라고 하면서, 황제 자손은 서북에서 기원하여 황하黃河 유역의 만족蠻族과 싸워 승리한 뒤 점차 뻗어나가 대륙 곳곳으로 퍼졌다고 했다.[60]

이처럼 만청 지식인들에게 영향을 준 라쿠페리의 주장은, 서아시아 바빌론과 엘람 일대에 거주하던 바크족Bak tribes의 우두머리 나쿤테Nakhunte가 부족을 이끌고 투르키스탄을 거쳐 카슈가르와 타리무 강을 지나고 쿤룬崑崙산맥을 넘어 오늘날의 간쑤甘肅·산시陝西 일대로 들어왔으며, 그 후 전쟁을 통해 토착 부락을 몰아내고 중원中原에 정착하게 되었다는 것이다. 그는 나쿤테가 나이황티Nai Hwang-ti, 즉 황제이며 중국의 모든 문명도 바빌론에서 비롯되었다고 주장

▪

황제가 어디에서 기원했느냐에 관한 담론은, 결코 그와 관련된 사실史實을 밝힐 수 없다. 그 담론 안에는 당대의 욕망이 고스란히 담겨 있고, 황제의 모습은 그 욕망의 렌즈를 통해 굴절되게 마련인 것이다.

했다.－61 라쿠페리의 인종주의적이고 제국주의적인 학설은 강한 중국을 만들 수 있는 강한 민족의 창출이라는 강박관념에 사로잡혀 있던 당시의 지식인들에게 긍정적으로 받아들여졌다. 그것은 바로 고대 문명의 정점에 있던 부족이 중국인의 기원이라면, 적자생존의 세상에서 살아남을 수 있는 내재적 힘을 중국인이 이미 확보하고 있다는 인식으로 이어졌기 때문이다. 이렇게 해서 황제는 위기의 시기에 보국保國·보종保種의 희망을 상징하는 인물이 되었다. 두아라가 지적한 대로, "20세기 초의 중국은 취약한 국가와 강력한 국가주의 담론으로 특징지을 수"－62 있는데 그 당시의 황제 관련 서사들은 바로 그러한 담론의 하나였다.

한 세기 전과 비교한다면 오늘날 불고 있는 '황제열黃帝熱'은 '강력한 국가와 강력한 국가주의 담론의 결합'이라고 할 수 있다. 그리고 여기에는 좀 더 많은 '과학적' 수사가 동원되고 있다. 1980년대 이래로 이루어진 고고학적 발굴, 그리고 '통일적 다민족국가'의 논리를 지지하기 위한 변강학邊疆學의 흥기가 그 주요 배경이다. 여기에 '뿌리 찾기 열풍尋根熱'에 기댄 지역 경제주의까지 한몫하면서 황제 관련 유적지와 전례典禮를 상품화하고 있다. 국가·학술·과학·경제가 결합된 황제열은 그야말로 막강한 힘을 발휘하고 있다. 강력하고 부유한 중국을 건설해야 한다는 명제에 어느 누구도 감히 찬물

허난성 신정新鄭 황제 고리故里의 정전正殿에 모셔져 있는 황제. "인문초조人文初祖"라고 적힌 편액이 위쪽에 걸려 있다.

을 끼얹지 못하는 것이다. 냉정을 유지한 비판과 자성의 목소리는 들리지 않고 모두가 함께 열풍에 휩싸여 있는 듯하다. 비판과 자성의 소리를 억압하는 압력이 존재하는 것이 분명하다. 1996년부터 시작된 하상주단대공정에 이어 중화문명탐원공정, 동북공정 등 일련의 국가적 규모의 역사 프로젝트들이 진행되고 있는 현실이 바로 현 상황을 대변하고 있다.

1980년대 홍산문화에 대한 고고학적 발견으로 인해, 중원과 멀리 떨어져 있는 요하 유역이 세계 최고最古라 할 수 있는 문명의 근원지임이 밝혀지면서 중원 문명 중심론은 완전히 무너졌다. 중국으로서는 동이東夷의 영역이라고 자타가 인정했던 바로 그곳, 화하華夏의 담벼락 너머에 중국에서 가장 오래된 문명이 존재했다는 사실도 충격이었겠지만 현실적으로 동북 지역에 접해 있는 북한이나 한국을 염두에 두지 않을 수 없었을 것이다. 이런 상황에서 황제가 홍산문화의 주인공으로 갑작스럽게 탈바꿈했다는 것은 뭔가 심상치 않다.

몇 가지 사례를 통해 황제가 어떻게 홍산문화의 주인공으로 변신했는지 살펴보자. 2006년 6월부터 랴오닝성遼寧省 박물관에서 '요하문명전遼河文明展'이 열렸는데, 바로 이때 중국고고학회 상무이사인 고고학자 궈다순郭大順은 다음과 같은 인터뷰를 했다.

황제와 염제의 결맹을 표현한 황제
고리의 정전 벽화

기자: 홍산문화의 역사 시기는 전설 중의 염제·황제·
치우와 동일한 시기인데, 그렇다면 홍산문화와
염제·황제의 관계에 대해서는 고증된 것이 있나요?
홍산문화는 그 밖의 고대 문화에 어떤 영향을 끼쳤는지요?

귀다순: 최근 몇십 년간 선사 시대 고고의 중대한 성과
가운데 하나가 바로 중국 역사상 확실히 오제五帝 시대가
있었음을 증명한 것이지요. 오제 시대의 대표 인물과
고고 문화의 관계는 아직 더 연구해야 합니다. 요하 유역의
우하량牛河梁 유적지는 5000년 전의 가장 선진적인
문화였을 뿐만 아니라 중원 지역과도 밀접한 관계가
있었고 오제 시대 전기의 대표 인물과도 분명 관계가
있었습니다. 황제족과 관련이 있다고 하는 사람도 있는데
일리가 있어 보입니다. 고고 발굴에 의하면 홍산문화가
후세 문화에 끼친 영향은 뚜렷합니다. 홍산문화에서
아주 멀리 떨어져 있는 강절江浙의 양저良渚문화에서는
옥기玉器를 부장품으로 썼는데, 그 옥기의 특징이 홍산
옥기와 비슷해서 깜짝 놀랄 정도이지요. 홍산문화의 C자형
용두龍頭와 양저문화의 '큰 눈의 짐승 얼굴 문양大目獸面紋'은
공통된 기본 구성 요소를 갖고 있답니다.

홍산문화의 C자형 옥. 중국 학자들은
용이라고 주장하지만 확실하지 않다.

그래서 마청위안馬承源 선생은 양저문화가 홍산문화의
영향을 받아 형성된 것이라고 했지요. 또 진난晋南
샹펀襄汾에서 발견된 도사陶寺 성터와 묘지에서 나온
'용무늬가 그려진 붉은 도기朱繪龍紋陶盤' 역시 홍산문화에서
기원한 것입니다.-63

궈다순의 이야기는 일찍이 쑤빙치蘇秉琦가 기획한 역사 서사와 맥을 같이한다. 쑤빙치는 문명의 서광이 요하 유역에서 시작되었지만 그 이후 모든 문명이 중원으로 모여들어 역사의 중심지가 중원으로 옮겨갔다고 주장했으며, 옥기의 출현을 문명의 시작으로 보아 굉장히 중요시했고 홍산문화의 시공간 범위가 황제 시대에 상응한다고 했다.-64

"100만 년을 뛰어넘는 뿌리, 1만 년이 넘는 문명의 시작, 5000년의 고국, 2000년의 중화일통中華一統의 실체", 이것은 1992년 5월 쑤빙치가 중국 역사박물관 80주년을 기념하면서 제시했던 중국 고대사의 틀이다.-65 그는 요서遼西 사해유지查海遺址에서 발견된 기원전 6000년의 옥기를 통해 '1만 년이 넘는 문명의 시작'이라는 개념을 도출해냈다. 기원전 6000년, 그러니까 8000년 전의 옥기는 그 시원이 1만 년보다 더 될 것이라는 논리다. 그는 옥기를 청동기에

못지않은 예기禮器로 간주하고 그것을 국가의 표지로 보며 1만 년의 중국 문명을 상정했다. 씨족으로부터 국가로의 전환점을 사해유지에서 찾은 쑤빙치는 5000~6000년 전의 홍산문화를 '고국古國' 시대로 상정하고 여기서 가장 이른 국가와 왕권이 탄생한 것으로 보았다. 그리고 이것을 '중화문명의 서광'으로 명명했다. 그로부터 1000~2000년 뒤, 타 지역의 문화가 집결된 중원의 도사陶寺문화에도 '고국' 시대가 등장했고 요堯·순舜·우禹 시대의 이 고국이 2000~4000년 전 하·상·주 시대의 '방국方國'을 거쳐서 2000년 전에 다원일통多元一統의 중화 '제국'이 되었다는 것이다. 이상 '고국-방국-제국'의 삼부곡三部曲은 '중화민족 다원일체'의 형성과 발전에 대한 거시적인 역사 서사다.

중국 고대사를 중건하고 더 나아가 중국 '국사'의 틀을 세우기 위한 쑤빙치의 역사 서사는, 15년쯤 뒤인 2006년 요하문명전에서 요하문명을 씨족-고국-방국-제국의 '중국사' 안에서 해석하는 이론적 근거로 사용되었다.∎

'요하문명전'은 동북공정과 관련되어 있을 뿐만 아니라 중화문명탐원공정의 일환으로, 중국에서 진행된 역사 프로젝트의 성격을 적나라하게 보여준다. 요하문명전은 5개의 주제로 기획되어 있는데, '문명서광文明曙光' '상주북토商周北土' '화하일통華夏一統' '거란왕조契丹王

∎

요하문명전의 '문명서광'은 씨족-고국 시대, '상주북토'는 방국 시대, '화하일통'은 제국 시대에 해당한다. 요하문명전의 역사 틀은 이처럼 쑤빙치의 이론에 충실하다. '문명서광'에서 용 문화의 근원지가 요하 유역이라고 하면서 이곳의 옥룡玉龍을 '중화제일룡中華第一龍'이라고 강조한 것 역시 쑤빙치가 사해유지를 "옥룡의 고향이자 문명의 발단"이라고 한 것과 관련이 있다. 쑤빙치의 역사 서사가 지닌 영향력을 감안해볼 때, 그가 홍산문화의 시공간 범위를 황제 시대로 간주한 것은 결국 홍산문화를 독자적인 북방문화가 아닌 그야말로 초창기 '중화문명'으로 해석하게 만든다. 이렇게 되면 요하지역과 문화적 연계성이 강한 중국 동북지역의 모든 문명이 중화민족의 시조인 황제에게서 비롯되었다는 논리가 성립된다.

朝 '만족굴기滿族崛起'가 그것이다._66 요하문명전에서 주목해야 할 부분은 모든 전시 내용을 '중원'과 관련짓고 있다는 사실이다. 문명서광에 해당되는 신석기 시대 유물들에서는 특히 옥과 용 문양을 강조하면서 그것의 중국성Chineseness을 드러내고자 한다. 또한 우하량 홍산문화를 두고 '중화민족'의 선조가 '씨족'에서 '고국'으로 가는 역정을 보여주는 것이라고 해석한다. 하·상·주 삼대에 들어서면 요하 유역은 이들 중원 왕조의 '방국'으로 설명되고, 상·주 시기 요하 유역은 '은殷'의 유민을 포함한 지방 문화로 해석된다. 그리고 드디어 진·한 통일기에 이르면 요하 유역 대부분이 중원 왕조의 판도에 들어왔다고 하면서 부여와 고구려를 중국 동북의 소수민족으로 해석한다. 이처럼 요하문명전의 전체 주제를 압축하고 있는 '화하일통'이라는 개념에는 주변의 모든 것을 빨아들이는 '중화'라는 코드가 자리 잡고 있다.**

이상을 통해서 알 수 있듯이 요하문명을 중화문명에 편입시키기 위해 오랜 시간의 준비가 있었다. 필자가 주목하는 것은 바로 그 과정에서 홍산문화 유역이 황제의 근거지였음을 주장하는 담론이 점차 세력을 확장했다는 사실이다. 이는 황제가 서아시아에서 왔다는 이야기 못지않게 뜬금없이 들리는데, 그 주장의 근거는 무엇일까? 앞에서 소개한 인터뷰에서 궈다순은 홍산문화가 황제족과 관련이

** 고대문명을 중국 문명 형성의 전체 구도 속에서 파악하면서 다원문명이 중원으로 모여들었다는 논리는 중화문명탐원공정에서도 적용되었다. 중화문명탐원공정의 핵심인물인 중국 사회과학원 고고연구소 부소장 왕웨이王巍의 말을 빌리면, 다원 기원의 문명의 불씨가 기원전 2500~기원전 1500년 사이에 중원으로 모여들어 중화문명의 모체가 되었다는 것이다.(「追溯中華文明發源的眞實脈絡:中華文明探源工程」, 中國靑年報, 2006.5.14.) 각지의 문명의 불씨가 중원으로 전파된 것이 아니라 '중원으로 모여들었다匯聚中原'는 표현은 이 프로젝트를 추진하는 개념이 얼마나 중원 중심적인지 보여준다.

있다고 했는데, 또 다른 기사에서 그는 황제가 염제와 싸울 때 동원했던 웅熊·비羆·비貔·휴貅 등이 황제 부족 내의 토템이고 이로 인해 문헌에서는 황제를 '유웅씨有熊氏'라고 기록했다고 했다.[67] 이 기사에서는 황제 전설의 고고학 증거로서 '옥웅룡玉熊龍'을 소개하고 있다. 옥웅玉熊도 아니고 옥룡玉龍도 아닌 그 이름이 거슬릴 수밖에 없는데, 곰과 용을 모두 그 유물의 상징으로 끌어내고자 하는 의도에서 나온 매우 부자연스러운 명명이다. '옥웅룡'이라고 하지만 그것이 곰인지 용인지 선뜻 동의하기 어려운 생김새인데, 곰과 용을 선택하여 명명한 것은 중원문명의 익숙한 상징인 용에 새롭게 부상한 곰의 상징을 뒤섞기 위함일 것이다. 이는 중원문명과 요하문명을 하나의 '중국 문명'으로 녹여내기 위한 교묘한 언어 책략이 아닐까.■

　2007년, 홍산문화 유역이 황제의 근거지였다는 고고학자들의 주장에 힘을 실어주는 화제작이 등장했다. 신화학자 예수센葉舒憲의 『곰 토템: 중국 시조신화의 근원 탐구熊圖騰: 中國祖先神話探源』[68]라는 책이 그것이다. 예수센은 온갖 유물 자료와 문헌 기록과 신화와 의례 및 도상에 대한 해석을 통해 중국인이 '곰의 후손'임을 역설했는데, 이것이 단순한 학술서가 아님은 한눈에 알 수 있다. 그는 2006년 홍산문화 유적지인 적봉赤峰을 답사을 때, "5000년 전 유웅국有熊國을 세운 황제족 역시 이 일대에서 활동했었지"라고 회상

■

귀다순의 견해는 중국 학계나 대중성에 있어 주류에 속한다는 점에서 눈여겨보지 않을 수 없다. 홍산문화에 대한 그의 견해는 국내에 번역된 그의 저서 『동북문화와 유연문명』(동북아역사재단, 2008)의 2장 4절에 자세히 나온다.(원서: 郭大順·張星德, 『東北文化與幽燕文明』, 江蘇教育出版社, 2005)

신정 황제 고리. 앞에 있는 동물 석상은 곰으로, 고대 문헌에서 황제를 '유웅씨有熊氏'라고 한 것과 관련이 있다.

하면서 황제가 옥을 먹었다는 『산해경山海經』의 기록이 적봉 지역의 옥문화와 관련이 있을 것이라 추측한 뒤에 다음과 같이 의미심장한 말을 했다.

> 적봉 지역에서 발견된 선사 시대의 옥룡은, 화하문명이
> 중원에서 기원했다는 전통 관념에 거대한 충격을 주긴
> 했지만 그래도 그것이 변방 밖 이족異族으로부터 비롯된
> 문화적 타자라고는 할 수 없다.[69]

홍산문화 유적지에서 발견된 옥(예수셴이 옥룡이라 칭한 것)을 황제와 연관지음으로써 홍산문화를 중국 문명의 타자가 아닌 내부의 것으로 포섭하고자 하는 것이다. 예수셴은 이에 대한 논거의 하나로서 다음과 같이 쑤빙치의 견해를 인용했다.

> 쑤빙치는 민감하게 인식하고 있었다. 북방의 홍산문화와
> 중원의 앙소문화 사이의 상호작용, 그리고 요하 유역과
> 황하 유역의 선사 시대 문화의 상호작용이야말로
> 중화문명의 기원에 관한 수수께끼를 푸는 관건임을 말이다.[70]

예수셴의 '곰 토템론' 역시 훙산문화를 황제와 연관시키기 위한
것으로, 민족주의와 국가주의 담론의 일환으로 이해해야 한다. 다
음 발언을 보면, 황제를 곰 토템과 연관짓고 중국인을 곰의 후손이
라고 하는 주장에 제국주의적 요소가 내재되어 있음을 알 수 있다.

> 곰 토템의 재발견은 우리로 하여금 '용의 후손'이라는
>
> 유행어 배후에 더욱 심원하고 광활한 '곰의 후손'에 대한
>
> 신앙이 잠복해 있음을 재인식하게 하며, 우리로 하여금
>
> 유라시아 대륙이라는 거시적인 배경에서 중국 문화의
>
> 뿌리를 새롭게 이해할 수 있도록 한다.[71] ▪

이제 중국은 한 세기 전과는 정반대로 강력한 국가가 되었고, 자
신들의 뿌리를 강력한 외부에서 찾는 대신 오히려 자신들의 뿌리가
바깥을 향해 줄기차게 뻗어나갔다고 주장한다. 예수셴은 한국의 곰
신화 역시 그 뿌리가 유웅씨 황제 집단에 있다고 말한다.

> 더욱더 많은 증거가 다음을 말해주고 있다.
>
> 유웅씨 황제 집단은 우순虞舜 시대 및 곤鯀·우禹·계啓의
>
> 하대夏代 곰 토템 신화의 선하를 열었을 뿐만 아니라,

▪

공교롭게도 바로 이 문장 위에 "같은 조상의 후손이니 화목하게 지냅시다. 공숙공
17대손 대통령 노태우同祖連孫, 和睦相交. 恭肅公十七代孫 大統領 盧泰愚"라고 새겨진
비석의 사진이 있다. 그리고 사진 아래에는 "한국 대통령 노태우가 중국 허베이河
北 줘저우涿州에 세운 동조비同祖碑. 문화의 원류를 말해준다"라는 설명이 덧붙여
져 있다. 중국에서는 노盧씨가 허베이 줘루涿鹿 일대에서 번영했고 동북쪽이 주요
근거지라고 하는데, 이 사진은 '한국 대통령(한국)의 뿌리가 중국에 있다'는 무언
의 메시지를 전달하고 있는 것은 아닐까.

전욱顓頊을 통해 곰 조상 신앙을 진秦·조趙·초楚 등의 광대한 지역에 전승했다. 또한 퉁구스와 친연관계에 있는 족군族群의 전파를 통해, 조선족朝鮮族의 아득한 옛 기억 속에 곰 토템 신화가 뿌리내리도록 했고 현재 동아시아에서 가장 완벽하게 보존된 웅모생인熊母生人 신화를 남겼다._72

단군신화의 뿌리가 황제라는 주장은 강력한 국가와 강력한 국가주의 담론의 결합이 어떤 결과를 낳는지 명백히 보여주고 있다. 예수셴은 고조선의 단군신화가 어룬춘鄂倫春(오로첸)족·어원커鄂溫克(에벤키)족의 곰 토템 신화와 문화적 기원이 같다고 보며, 나아가 퉁구스 계열의 민족 기원이 중원이라는 가설 및 홍산문화가 황제족 문화라는 가설에 기초하여 중원 지역부터 북방 지역까지의 혈연적·문화적 기원의 동질성을 강조하고 있다._73 홍산문화 유역이 황제의 영역이라는 주장은 귀납적이고 객관적인 연구 결과라기보다 이미 그 결과가 예정되어 있는 의도적 기획의 산물이다. 홍산문화 시기를 황제 시대로 상정하고 그 일대가 황제의 영역이었다고 주장함으로써 홍산문화가 황제와 연결되고 북방의 여러 민족은 황제의 후손으로 편입되는 것이다. 이는 다원일체로서의 중화문명과 중화민족이라는 선험적 명제가 작동한 결과다. 게다가 '네 것도 내 것'이라는 식의 비성찰적 지성은 경계의 촉각을 곤두서게 만든다. 홍산문화와 황제의 결합은 위태롭고 불안해 보인다.

황제라는 존재가 신이었는지 인간이었는지조차 아무도 확신할 수 없다. 하지만 그는 춘추전국 시대 이후 한대에 이르면서 화하의 공동 시조가 되었다. 이후 줄곧 '황통'의 상징으로 받아들여졌던 황제는 근대 국민국가 수립과 더불어 돌연 '국통'의 상징이 되었다. 구제강顧頡剛처럼 황제를 종족의 우상이라며 역사의 전통에서 끊어내고자 하는 이도 있었지만, 그 우상을 필요로 하는 이들은 늘 존재했다. 그들은 역사 기억을 발굴하고 거기에 과학의 색채를 덧입혀, 황제가 역사적으로 확실히 존재했던 명실상부한 중화민족의 시조임을 환기시키고 있다. "모든 역사는 당대사contemporary history"라는 크로체Benedetto Croce의 선언이 이렇게 잘 맞아떨어지는 경우도 드물 것이다.

과거 혁명파는 오직 한족만이 황제의 자손이라고 주장했다. 오늘날에는 이를 두고 "황제 자손 칭위의 잠깐의 착위錯位"[76]였다고 비판한다. 5·4 반전통의 시기, 상고사의 정확한 인식을 위해 민족일원론의 관념을 타파할 것을 주장하며 종족의 우상인 황제가 전국·진·한 시기에 '만들어졌음'을 논증했던 구제강의 의고疑古 작업 역시 비판받고 있다. 그런가 하면 황제를 정점으로 하는 민족 계보를 완

구제강(1893~1980).
1920~1930년대 구제강을 대표로 하는 고사변파 古史辨派는 청대 고증학의 전통을 이어받고 서구 근대 사학의 문헌고증학적 방법을 받아들여, 고문 헌의 신빙성에 근본적인 의문을 제기하며 세밀한 고증을 통해 "우禹 이전의 고사古史는 신화"라고 주장했다.

성한 사마천의 작업은 찬양 일변도로 평가된다. 혁명파와 입헌파의 황제 개념 가운데 어느 것이 옳았나, 구제강은 옳았나 틀렸나, 사마천의 서사는 사실인가 허구인가, 이렇게 사실의 시비를 가리려 한다면 분명 본질을 놓치게 될 것이다. "역사란 본질적으로 현재의 눈을 통해서 그리고 현재의 문제들에 비추어 과거를 바라보는 것"[77]이다. 황제 서사와 관련된 담론에서도 '현재의 요구'에 맞지 않는 예전 해석은 오류라고 평가하는 반면 현재적 해석의 근거로 과거의 역사적 자원들을 끌어들이게 마련이다. 중국이 민족국가라는 '상상의 공동체'를 건설하는 과정에서, 황제는 '만들어진 전통'의 역할을 담당하며 민족 정체성 형성의 동인이 되었다. 주목할 점은 민족을 까마득한 옛날부터 이어져온 공동 운명체로 상정하는 황제 서사의 허구성이 아니라, 오히려 그 서사가 지닌 힘이며 누가 왜 그 서사를 동원하는가이다.

민족주의 담론으로서의 황제 서사는 갈등과 폭력의 서사다. 중국 내부적으로 봤을 때, 황제가 중화민족 전체의 시조로 만들어지는 것은 비한족을 포섭하면서도 그들을 주변화하는 담론으로 작동한다. 이러한 담론은 앞서 황제의 '곰 토템론'만 놓고 보더라도, 어룬춘족·어윈커족을 황제의 후손으로 포섭하는 한편 만주—퉁구스어족의 기원을 중원과 연결지음으로써 그들의 문화기원을 주변화하는 결과를 낳는다. 홍산문화와 곰 토템을 황제와 연결지으려는 중국의 시도와 이에 대한 한국의 반응은, 황제 서사가 외부적으로도 갈등과 폭력의 서사임을 극명히 보여준다. 홍산문화 유역이 황제족의 근거지였다는 주장과 더불어 그 근거로 곰 토템이 제시되자, 한국 학자 우실하는 그 논리를 되받아 "만일 홍산문화의 곰 토템이 황제 유웅씨와 관계된다면" "결국 중화민족의 시조라는 황제족은 홍산문화를 주도한 곰족의 후예가 되는 것"이라며, 홍산문화의 주도 세력은 "단군신화의 웅녀족"이고 "황제족은 웅녀족의 후예가 되는 것"이라고 주장했다.[78] 그러자 이에 대한 중국 학자의 반박이 이어졌다. 양포楊朴는 단군신화에서 황제신화가 나왔다고 하는 것은 협의의 민족주의와 국가주의 입장에서 신화를 역사화한 것이라고 비판하는 한편, 고조선의 단군신화가 어룬춘족·어원커족의 웅녀신화와 동원성을 지닌 황제족 후예의 문화라는 예수셴의 주장을 적극 지지했다.[79]

예수셴의 '곰 토템론'에 대한 대응으로 동북아역사재단에서 『동북아 곰 신화와 중화주의 신화론 비판』(2009)이라는 관련 연구서를 내놓기도 했다. 이 대응 연구에 참여했던 김선자는 「홍산문화의 황제 영역설에 대한 비판─곰 신화를 중심으로」[80]에서, 홍산문화를 곰이나 용이 아닌 그 지역을 대표하는 문화 전통인 매와 샤머니즘의 관련성 아래에서 읽어내야 한다고 주장했다. 홍산문화를 두고 우실하는 '황제-곰-단군'이라는 틀에서 황제를 단군 안으로 포섭하는 논리를 펼친 반면, 김선자는 그 중간고리인 곰을 부정함으로써 황제를 홍산문화에서 배제시키는 논리를 전개한 것이다. 이 두 논리 가운데 무엇이 더 설득력이 있는가의 여부를 떠나서, 홍산문화를 중화문명으로 포섭하려는 중국 학자들의 서술 전략에 대한 비판적 해체가 필요한 것은 분명하다. 이와 동시에 각자의 연구에 작동하고 있는 선험적 명제에 대한 반성적 자기 점검 역시 이루어져야 할 것이다.

예수셴의 해명과 여전히 남는 의문

중국 사회과학원 교수 예수셴은 2009년 9월 방한했을 때, 「곰 토템: 중국 시조 신화의 근원 탐구』로 인해 자신의 신화 연구가 한국 학자들에게 국수주의적 차원의 작업으로 이해되는 것에 대해 해명한 바 있다. 중앙일보에서 마련한 장치서 이화여대 교수와의 대담에서 그는 다음과 같이 밝혔다.

"3000~5000년 전의 신화를 현대의 국가·민족 관념으로 보셔선 안 됩니다. 저에서 언급한 '황제黃帝 시대는 '중국'이라는 나라조차 없었던 시기입니다. 당시 사람들은 수렵생활을 했고 지연스레 동물 토템을 형성했을 뿐이죠. 그들에게 어떻게 현대의 국가와 민족 관념을 적용할 수 있습니까. (…) 곰 토템에 관한 저의 연구는 중국과 한국에 국한된 게 아닙니다. 북유럽과 일본이 아이누족 등 모든 지역을 포함하고 있어요. 훨제와 단군은 수직적이 아니라 수평적 관계에서 논의된 것입니다.("중국이 단군신화 빼앗아간다는 건 오해」, 중앙일보, 2009.9.19.)

예수셴은 "곰 토템 연구의 국가로부터 받은 연구비는 전혀 없습니다. 확인해봐도 좋아요. 제 연구엔 어떠한 정치적 의도도 없습니다"라고 밝히며, 자신의 곰 토템 주장이 동북공정과는 아무 관계가 없음을 강조했다. 하지만 펼치는 「곰 토템」에 깔린 논리는 중화문명탐원공정과 일맥상통한다고 본다. 따라서 예수셴의 해명에도 불구하고 그의 신화 연구가 동북공정의 논리와 물가분의 관계로 읽혀 있다고 생각한다. 예수셴은 중국 사회과학원 중화영웅大項목인 '중화문명탐원의 신화학 연구中華文明探源的神話學研究'의 하나로, 「중화문명탐원의 비교신화학적 시각中華文明探源的比較神話學視閾」(2009)[740]이라는 논문을 발표하기도 했다. 또한 현재 그가 주도적으로 이끌고 있는 '신화역사중서례史叢書' 프로젝트의 모든도, 문자텍스트를 중합하여 구비전승·의례·고고 자료 '문화' 텍스트를 신화 차료로 삼아l. 문화·역사·철학을 비롯한 모든 문자 학문을 통합하여 중화문명의 근원에 접근하는 전방위적인 역할을 신화에 부여하고자 하는 것이다. 이는 일찍이 그가 '본토 문화의 자각'이라는 입장에서 중국문화의 새판 짜기를 제안,[75]했던 것과도 연결지어볼 수 있다. 본토 문화에 대한 자각이 신화를 매개로 국가적 역사 프로젝트와 결합되었을 때, 그 연구가 과연 민족과 국가의 틀과 욕망으로부터 자유로울 수 있을까?

예수셴의 『곰 토템』

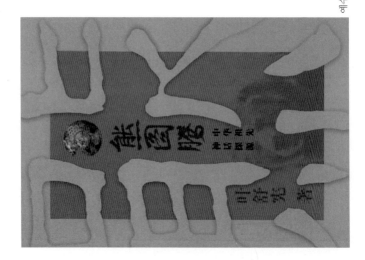

세계의
스승으로
되살아난
공자

　오늘날 비상하고 있는 중국의 한쪽 날개에 황제가 있다면 다른 한쪽 날개에는 공자가 있다. 2010년 영화 〈공자〉의 흥행에 타격을 입을 것을 우려한 중국 정부가 〈아바타〉 2D판 상영을 중단시킨 일은 그저 우스갯소리가 아니다. 중국 정부로서는 때마침 필요할 때 불어준 공자 열풍을 놓치고 싶지 않았던 것이다. 오늘날의 '공자열孔子熱'은 과거에 대한 향수 차원과는 다르다. 그것은 중국 당국이 미래를 내다보며 다방면에서 의도적으로 조성해가고 있는 '문화열文化熱'이라고 할 수 있다. 공자의 문화적 파급력이 예사롭지 않은 것은, 중국 당국의 적극적 지지와 더불어 '공자'라는 아이콘이 담지하고 있는 '전통'의 무게 때문일 것이다. 5·4 시기에는 공자를 무너뜨려 그 전통의 무게를 덜어내려 했다면, 지금의 중국은 그 전통의 무게를 끌어와 사회주의 이데올로기가 약화되면서 비어버린 공간을 꽉

〈공자〉　　　　　〈아바타〉

꽉 채우고자 한다.

오늘날 중국 공산당이 공자의 열렬한 팬이라는 사실을 2008년 베이징올림픽 개막식만큼 잘 보여준 것도 없다. 개막식장 사방 모퉁이에 공자의 3000명 제자가 도열해 앉아 있고, 그 한가운데에서 '화和'라는 한자를 이용하여 펼쳐진 웅장한 매스 게임은 공자에 대한 헌사였다. 이는 팍스 시니카의 시대를 맞아 공자가 전 세계의 사표師表로 부활했음을 만방에 알리는 장면이었다. 어울림·조화·평화라는 메시지의 전달은 '중국위협론'에 맞서기 위한 중국의 전략이기도 하다. 중국위협론을 불식시키기 위한 도구로 '문화'를 내세우고 공자가 그 문화를 대표한다는 점에서 오늘날 중국이 공자를 띄우려는 의도를 분명히 알 수 있다.

공교롭게도 베이징올림픽 개막식 퍼포먼스에서 보여준 한자와 공자라는 문화코드가, 최근 중국의 대학생들을 대상으로 조사한 '중국을 대표하는 문화상징'의 제일 앞자리를 차지했다.[81] 이 조사는 베이징사범대학의 교수들이 주축이 되어 정부의 기금(국가사회과학기금)을 받아 진행한 프로젝트의 하나였다는 데서 그 연구 배경과 결과에 주목할 필요가 있다. 이 연구팀은 2009년 하반기부터 '중국의 문화 소프트파워 발전전략 연구我國文化軟實力發展戰略硏究'라는 과제를 추진했는데, '전국 대학생의 눈에 비친 가장 대표성을 지닌 중외中外 문화상징'에 대한 결과는 제1단계 연구 성과물이다. 100명에 달하는 연구원이 참여하여 6개월 동안 중국 전역 24개 대학의 2000명 대학생을 대상으로 조사한 결과, 중국을 대표하는 문화상징 상위 10개는 중국어(한자), 공자, 서법書法, 장성長城, 오성홍기五星紅旗, 중의中醫, 마오쩌둥, 고궁故宮, 덩샤오핑鄧小平, 병마용兵馬俑이었다. 그다음 10가지는 황하, 『논어論語』, 원명원圓明園, 문방사우, 돈황敦煌 막고굴莫高窟, 『사기』, 제지술, 고전시, 경극京劇이었다. 한눈에 봐도 전통문화가 대다수임을 알 수 있다. 물론 이 결과를 중국 현대문화의 빈곤으로 해석할 수도 있겠지만, 한편으로는 전통문화

산둥 취푸曲阜의 공묘孔廟에 왔던 이들이 남긴 소원의 흔적. 행복과 건강과 성공을 기원하는 소원이 적힌 판이 가득 걸려 있다. 한국어로 적힌 소원들도 눈에 많이 띈다. 판들이 걸려 있는 틀 양쪽에 적힌 '선사先師', '역대 제왕의 스승歷代帝王師'이 가리키는 이가 바로 공자다. 앞의 조사 결과 중국을 대표하는 문화상징 가운데, 인물로만 따지면 공자가 1위를 차지한다.

의 저력을 간과할 수 없음을 말해주는 것이기도 하다. 연구팀이 총 270개의 중국 문화상징을 네 가지로 분류한 결과를 보면 더 흥미롭다. 분류의 기준은 ①핵심적 가치 계통의 흡인력 ②사회적 행위 모델의 응집력 ③전통적 전범典範 및 유산遺産의 영향력 ④문화 전파 메커니즘의 감화력 등이다. 가장 높은 순위를 차지한 50개 가운데 대다수는 ③의 범주에 속하고 ①의 범주도 몇몇 보인다. 상위 10개를 놓고 보면, 오성홍기·마오쩌둥·덩샤오핑이 ①의 범주에 속하고 나머지는 모두 ③의 범주에 속한다. 이러한 결과에 대해 연구팀을 이끌었던 베이징사범대 교수 가운데 한 명인 둥샤오핑董曉萍은 다음과 같이 말했다.

조사 전에 상당히 우려스러웠던 점은,

지금 대학생들은 다원적 가치관이 병존하고 충돌하는

시대에서 개인적 감성에 따라 살아가고 있는데

그들이 과연 이성적인 선택을 할 수 있을까라는 것이었다.
연구 결과 이런 우려를 해소할 수 있게 되었다.
대학생들은 당대의 핵심적 가치 체계를 굉장히 이성적으로
자각하고 있다. 중국어(한자)·공자·서법·장성·중의·고궁·
병마용으로 대표되는 우리나라의 고전 문화 전통을
대학생들이 굉장히 중시하고 아낀다는 것은 매우 기쁘고도
안심되는 일이다. 또한 오성홍기·마오쩌둥·덩샤오핑으로
대표되는 중국의 당대 정치문화를 대학생들이 높이
인정한다는 것 역시 그들의 정치 태도에 대해
마음을 놓게 해준다.

연구팀을 이끌었던 또 다른 교수 왕이촨王一川도 원래는 대학생들
이 저우제룬周杰倫이나 리위춘李宇春 같은 당대의 문화상징을 더 좋
아한다고 생각했지 그들이 중국 전통문화에 대해 이처럼 강렬한

■

100일 뒤인 2011년 4월 20일에 공자상은 국가박물관 정원 안으로 옮겨졌다. 이곳은 일반에 잘 드러나지 않는 장소이며 공안이 지키고 서서 촬영을 막는 등 접근을 차단하고 있다. 이를 두고 설이 분분하지만 중국 정부로서는 공자상이 자칫 마오쩌둥의 정통성에 대한 도전으로 비칠까봐 부담스러웠을 수도 있다. 하지만 설치 후 철거라는 모양새는 중국의 문화 로드맵을 둘러싼 공산당 내부의 의견 대립과 불협화음을 은연중 말해준다.

자신감으로 가득한지는 생각지도 못했다고 한다.

중국의 대학생들이 전통문화와 현 정치체제를 모두 긍정하고 인정한다는 사실은, 중국이 대국굴기 전략에 강력한 드라이브를 걸수 있는 원동력이 될 것이다. 공자(유가사상)로 대표되는 전통문화와마오쩌둥(공산당)으로 대표되는 정치체제가 대국굴기의 쌍두마차 역할을 할 것임은 자명한 사실이다. 마치 이를 대변하듯, 2011년 1월 11일 베이징 톈안먼天安門 광장의 국가박물관 북쪽 전방에 17톤에 달하는 7.9미터짜리 공자 청동상이 1.6미터의 받침대 위에 세워졌다. 공자가 톈안먼에 높이 걸려 있는 마오쩌둥과 마주하고 있는 모습은 고도의 정치적 상징성을 지닌 것이었다.■

공자열은 중국을 넘어 세계로 맹렬히 뻗어가는 중이다. 대표적인 사례로, 세계에 중국어와 중국 문화를 보급하기 위한 공자학원孔子學院이 급성장하고 있다. 인민일보 기사(2012.3.1)에 따르면, 공자학원 358개와 공자학당孔子課堂 500여 곳이 105개 국가(세계 인구의

세계 각국의 공자학원
원생들이 찍은 홍보 포스터

86퍼센트를 차지)에 분포해 있다.[82] 중국어 학습 인구는 세계적으로 5000만 명이 넘는데, 이러한 중국어 학습 열기를 이끌어가는 주도적인 역할을 하고 있는 곳이 바로 공자학원이다. 공자학원에 관한 인민일보의 기사 「문화 교류의 '중국식 모델'-4개국의 공자학원을 탐방하다文化交流的'中國樣本'-探訪四國孔子學院」에서는 다음과 같이 말하고 있다.

공자학원은 각국에 뿌리를 내리고 있다.
공자학원은 중국어 교육을 보급하고
중화문화를 전파하면서, 중화문화가 밖으로 뻗어나가는 데
있어서 성공적인 사례이자 세계 문화 교류의
'중국식 모델'이 되었다.

국가 한반漢辦의 주임이자 공자학원 총부의 총간사 쉬린許琳의 말

"프랑스의 알리앙스 프랑세즈가 120년간 137개국 1000여 개, 영국 브리티시 카운슬이 70년간 110개국 250여 개, 독일 괴테 인스티튜트가 50년간 83개국 147개를 각각 설립"(「세계 4대 성인 '공자'—중국, 세계 브랜드화 성공」, 미디어오늘, 2012.2.3)한 것과 비교하면, 공자학원의 확산 속도가 얼마나 빠른지 짐작해볼 수 있다. 공자학원이 개설되면 엄청난 물량 지원이 이어지는데, 한국 내 공자학원의 경우 해마다 개별 공자학원에 2억 원 전후의 예산이 지원된다고 한다. 현재 한국에는 서울공자아카데미를 비롯하여 충북대·우송대·충남대·호남대·동아대·동서

에 따르면, 중국식 모델이란 '자원自願에 합작을 더한 것'으로 모든 공자학원은 외부의 강력한 요청에 의해 세워졌다고 한다.

해외에서 왜 공자학원 설립에 이토록 적극적인 것일까? 이 기사에서 인용하고 있는 각국의 발언을 살펴보자. "지금 재학 중인 학생들 가운데 10년 뒤 중국과 교류하지 않고 지낼 수 있는 사람은 아무도 없다"(영국), "세계경제의 일체화가 더 진행되면, 장래의 일본 젊은이들은 아침에 상하이로 출근했다가 저녁에 도쿄로 돌아와 잠에 들 것이다"(일본), "중국과 우호관계를 맺을 기회를 놓친다면 그 나라는 변화무쌍한 세계정세에서 낙후될 것이다"(캐나다). 중국 중심의 세계경제 재편, 중국 중심의 세계질서로의 이행은 지금 전 세계가 실감하고 있는 현실이자 미래다.

공자학원의 확장 속도는 실로 놀랍다. 세계 최초 공자학원인 서울공자아카데미가 2004년 11월 21일 세워진 이래 7년이 넘은 현재까지 358개에 달하니, 산술적으로 매주 한 개꼴로 생긴 셈이다.

대·강원대·계명대·대불대·순천향대·대진대·제주한라대·우석대·인천대·한국외대 등에 공자학원이 설립되어 있다. 공자학원을 주관하고 있는 '한반'의 활동에도 엄청난 자본이 투입되고 있다. 한반은 매년 중국으로 오는 해외 유학생들에게 숙식비와 장학금을 지원해주는데, 공자학원을 통해 장학생으로 선발되면 학비와 기숙사비 무료에 정착지원금과 생활비까지 지급받는다. 또 한반은 각국의 중국어 강사들을 초청해서 강사연수를 진행하는데, 왕복 항공료와 숙식을 무료로 제공한다.(같은 기사 참조)

게다가 수요가 공급을 따라가지 못할 정도로, 현재 76개 국가의 400여 기관에서 줄을 서서 공자학원 설립을 준비하고 있으며 공자학당 개설 신청은 그 수를 헤아릴 수 없을 정도라고 한다. 미국의 경우, 2004년 11월 메릴랜드대에 처음으로 공자학원이 생겼는데 현재는 76개나 있다. 메릴랜드대 전 총장 댄 모트Dan Mote는 '기적'이라는 말로 공자학원을 표현했다. "공자학원은 이제껏 세계에 없었던 기적입니다. 불과 몇 년 만에 하나의 이름(공자학원)을 전 세계에 복제했고, 모두가 그 브랜드를 앞 다투어 가지려 하니 이 얼마나 마술 같은 일입니까!"

기적처럼 빠른 속도로 확장해가고 있는 공자학원의 목표는 무엇일까? 공자학원이 가장 주력하고 있는 중국어 보급은 결국 중국 문화의 세계적 확장을 꾀하려는 것이다. 공자학원의 향후 10년간 발전 계획 가운데 하나는, 중의·무술·요리·예술·여행 등에 주력하는 공자학원을 여는 것이다. 앞의 인민일보 기사는 다음과 같은 말

탕이제와 『유장』
(정화편)

로 마무리된다. "공자학원은 미래를 위해 문화 교류의 씨앗을 뿌리고 있다. 이 씨앗들은 분명히 꽃을 피우고 열매를 맺을 것이다."

중국을 문화대국의 반열에 올려놓겠다는 포부를 품고, '공자'의 이름을 건 물밑작업은 공자학원뿐만이 아니다. 현재 진행 중인 『유장』 프로젝트 역시 그 가운데 하나다. 『유장』 프로젝트는 『도장道藏』과 『불장佛藏』처럼 유교 관련 문헌들을 집대성하기 위한 작업으로, 2004년에 시작되어 2024년까지 추진될 예정이다. 이 프로젝트는 크게 두 단계로 나뉘는데, '『유장』 정화편精華編' 편찬 작업이 2015년에 마무리되면 이어서 '『유장』 대전본大全本' 편찬 작업이 추진된다. 연구 기간과 규모를 감안해볼 때 엄청난 자금이 필요한 사업인데, 2004년에 『유장』 정화편이 국가사회과학기금 중대 항목에 선정된 이후, 2006년에는 『유장』 프로젝트가 '11·5' 국가철학사회과학 연구 계획에 뽑혔다. 베이징대가 주축이 되어 추진하고 있는 이 프로젝트는 그야말로 국가의 전폭적인 지지를 받고 있다.

이 프로젝트의 닻을 올린 탕이제湯一介 교수의 말을 통해 『유장』 프로젝트의 추진 배경에 대해 알아보자. 그는 「『유장』 편찬의 의의와 몇 가지 의견關於編纂『儒藏』的意義和幾點意見」[83](2003.9.10)에서 앞으로 진행될 이 프로젝트의 의의를 천명했다. 먼저 그는 중국의 전통 사상문화가 유·불·도로 대표되는데 『불장』과 『도장』은 있는 반면 『유장』이 없는 사실을 지적했다. 그리고 "유가 사상문화는 중화문화의 주체"라며 '중화문화'에서 차지하고 있는 유가의 중요성을 강조했다. 또한 그는 불교나 도교 전적과 달리 유가 전적은 "특정 종교의 경전이 아니라 중화문명의 경전"임을 강조했다. 탕이제가 유가를 종교가 아닌 '중화문명'으로 보는 근거는 무엇일까? 그것은 유가의 적극적인 현실 실천정신, 유가가 구비하고 있는 역사·문화·도덕감각, 역사문화를 이어 받으려는 유가의 자각적인 노력이라고 그는 주장한다. 또한 그는 이 때문에 "역대 통치자들이 유가의 정치·문화 기능을 중시했고, 유가의 가치관이 중국인의 가치관의 주체가 되었으

며, 유가가 중국 문화의 주류가 되었다"고 했다. 이어서 유가에서
다음과 같은 문화적 미덕과 역사적 의의를 끄집어냈다.

(유가의) 덕을 숭상하고 백성을 귀하게 여기는 정치문화,

효제孝悌와 화친和親의 윤리문화, 문질빈빈文質彬彬의

예악禮樂문화, 신을 멀리하고 사람을 가까이하는

인본 성향이 중국 사회문화의 각 방면에 침투했다.

(…) 유가의 가치관은 각 개체를 통해 강렬한 도덕주의,

사회에 대한 적극적인 관심, 온건한 중용中庸 정신,

엄숙한 자아의 수양으로 표현되었다.

또한 유가의 가치관은 인도주의, 이성적인 태도,

전통 중시의 총체적 성격으로도 표현되었다.

이 모든 것은 중화민족의 문학·예술·윤리·철학·종교·과학

기술·의약·정치·경제 등 각 방면의 발전에 지대한 영향을

끼쳤으며, 역사적으로 중국 문화의 주류가 되었다.

이어서 탕이제의 시각은 세계를 향한다. 그는 중국 고대 문화가 '축軸의 시대'에 존재했던 대문명 가운데 하나이며, 바로 그때 유가가 중국 사상의 핵심이었다고 말한다. 그리고 그 이후 인류는 축의 시대를 기초로 생존해왔으며, 이제 '새로운' 축의 시대로 접어들고 있다는 거시적 시각에서 탕이제는 『유장』 편찬의 의의를 끌어낸다.

'축의 시대'의 사상 전통은 2000여 년 동안 발전해오면서
인류 문화의 공동 자산이 되었다. 인류는 줄곧
'축의 시대'에서 탄생된 사고와 모든 창조에
기대어 생존했다. 인류 역사에서 매번 새로운 도약은
축의 시대를 회고함으로써 실현된 것이자 그것에 의해
새롭게 점화된 것이다. 새로운 천 년을 맞이하여,

세계의 사상계에서는 '새로운 축의 시대'에 대한 외침이

나타나고 있다. 이는 세계가 발전하고 있는 새로운 국면에

호응할 수 있도록, 고대 사상에 담긴 지혜를 익히고

발굴하는 데 더욱 힘쓸 것을 요구한다. 따라서 『유장』의

편찬은, 중화문화의 참정신을 선양하고 발전시키기 위한

것일 뿐만 아니라 세계를 향해 나아가서 오늘날 인류

문화의 발전에 새로운 공헌을 하기 위한 것이기도 하다.

중국 문화의 주류인 유가사상이 인류 전체에 공헌을 할 것이라
는 레토릭, 이는 『유장』 편찬의 대내외적 명분을 제공한다.

이것(『유장』의 편찬)은 중화민족의 생존과 발전에 있어서

유가 문화가 지닌 중요한 의의를 체계적이고 전면적으로

알 수 있게 해줄 뿐만 아니라 중화문화가 세계로 나아갈 수

있게 해주고, 전 세계의 인문사회과학 연구자가 중국 문화
자료를 이용하여 인문사회과학 이론을 검증하는 데 있어서
중요한 인프라가 될 것이다.

이어서 『유장』 편찬 작업과 관련된 고려 사항들이 언급되는데,
그 가운데 연구 인력에 관한 언급을 눈여겨볼 필요가 있다. 탕이
제는 전통문화의 연구 인력을 길러낼 필요성을 강조하면서, "8년,
10년의 시간을 들여서 일군의 청년학자들을 양성하면 『유장』 편찬
에도 힘이 될 뿐만 아니라, 국가적 차원에서도 중국 문화를 연구하
고 중국 문화를 세계로 나아가게 할 신흥 역량을 양성할 수 있다"
고 역설한다. 이어지는 말은 『유장』 프로젝트의 실체를 여실히 보여
준다.

오늘날 중화민족은 위대한 민족 부흥의 전야에 있다.

우리의 민족문화의 원류 및 그것이 끊임없이 발전한 역사를 되돌아보는 것은, 중화문화의 위대한 부흥에 중요한 역할을 할 것임이 분명하다. (…) 유가사상의 문화 저장소인 『유장』을 편찬하여 세상 사람들이 열람하고 연구할 수 있도록 하는 것은, 두말할 나위 없이 현재와 미래에 있어서 매우 필요하며 중대한 역사적 의의를 지니고 있다.

『유장』 프로젝트는 결코 과거 유산을 학문적 차원에서 정리하기 위한 것이 아니다. 그것은 중화의 위대한 부흥을 위한 작업이라고 할 수 있다. 그런데 『유장』 프로젝트의 범위는 중국뿐만 아니라 한국·일본·베트남에 있는 유교 문헌까지 포괄하고 있다. 이를 빌미로 중국이 동아시아의 문화적 맹주가 되고자 하는 것은 아닌지 경계할 필요가 있다. 한국의 경우, 성균관대 동아시아학술원 유교문화연구소 소속 '한국유경편찬센터'가 한국 유경의 편찬 작업을 진행하고 있다. 관련 보도-84에 따르면 이 작업에 2011년부터 2016년까지, 국고와 자비 절반씩을 들여 총 50억 원이 투입된다고 한다. 한국유경편찬센터 홈페이지(http://ygc.skku.edu)에서는 한국 유경 편찬의 특징이 "우리의 유교지식 유산을 표준화·고도화·세계화하여 현대사회에서 계승·발전될 수 있는 토대를 만드는 데 있다"고 소개하고 있다. 그런데 이 사업은 중국의 『유장』 프로젝트와 밀접한 관련이 있다. 2009년 4월 23일 관련 보도-85에서는, 성균관대가 "중국 베이징대와 유학 관련 서적을 공동 편찬하는 내용의 '유교대장전(유장) 편찬 프로젝트' 협약을 체결했다"고 했다. 또한 2010년 4월 1일 보도-86에서는, 성균관대 국제화 프로젝트의 일환으로 3월 22일 성균관대 총장이 베이징대를 방문하여 '유장 프로젝트'를 비롯해 다양한 분야에서 연구 성과 등을 교류하기로 결정했다고 했다. 이 보도에 따르면 성균관대 관계자는 "아시아적 정신문화인 유학이 앞으로 크게 각광받을 것이란 점에서 이 사업이 더 큰 의미를 지닌다"고

했다. 물론 우리나라도 유가사상과 유가전적의 전통을 고려해볼 때 이러한 작업이 필요한 건 분명하다. 하지만 국고가 들어간 만큼 사업의 명분도 중요하다. 앞에서 살펴보았듯이, 중화의 위대한 부흥을 위한 작업이 『유장』 프로젝트다. 그것의 하나로 한국의 유가 문헌이 정리된다는 것은 분명히 문제의 소지가 있다. 국내에서 진행되고 있는 한국 유경 편찬이 과연 얼마나 독자성을 확보할 것인지, 그리고 그 작업이 『유장』 프로젝트의 '중화' 부흥에 이용되는 것은 아닌지 지켜볼 일이다. 한국의 명분은 유학을 '아시아적' 정신문화로 보는 데 있지만, 중국의 명분은 유가사상을 '중화'의 핵심으로 보는 데 있기에 중국과의 합작에 거는 기대는 순진한 낙관이 아닐까 하는 우려가 들기 때문이다. 유가사상을 진정한 인류 공동의 자산으로 승화시키기 위해서는, 유가사상이 중화의 부흥에 동원되지 않도록 해야 한다. 폭력으로 점철된 오늘날의 위기를 극복할 돌파구를 '축의 시대'의 현자들로부터 구해야 한다고 주장한 종교학자 카렌

암스트롱의 말처럼, 축의 시대 현자들이 요구했던 것은 공감과 자비다. 그들은 한결같이 자기중심주의·탐욕·폭력·무례를 버리라고 강조했다.[87] 유가사상이 중화의 부흥에 동원되는 한, 그 진정성은 퇴색되고 말 것이다.

『유장』 프로젝트는 매우 거시적이고 현실적인 국가전략과도 관계되어 있다. 2010년 6월 29일, 베이징대 유학연구원이 설립되고 탕이제가 원장을 맡게 되었을 즈음 있었던 인터뷰를 통해 그 대강을 살펴볼 수 있다.[88] 유학연구원을 세운 목적은 "세계문화 조류에 시선을 두고, 유학 사상의 정수를 전승하고, 유학의 특수한 이념을 해석하고, 유학의 보편적 가치를 추구하고, 유학의 새로운 체계를 세우는 것"이다. 탕이제가 밝힌 유학연구원의 향후 10년 계획 가운데 하나가 『유장』 편찬 작업이고, 이밖에 다른 두 가지 큰 계획이 있다. 그중 하나는 『중국 유가 경학사中國儒家經學史』 시리즈의 편찬, 『중국 유석도 삼교 관계사中國儒釋道三敎關係史』 시리즈의 편찬, 유학과 마르크스주의에 관한 연구 등 세 가지 연구과제로 이루어져 있다. 이 가운데 '중국 유석도 삼교 관계사' 시리즈의 편찬은, 중국은 사상이 달랐어도 모순·충돌·전쟁이 발생하지 않았다는 것을 세계에 알림으로써 '문명의 공존'에 이론적인 공헌을 할 수 있을 것이라는 기대를 걸고 있는 작업이다. 그리고 유학과 마르크스주의에 관한 연구는, 문화의 원류인 중국 고유의 문화와 외부에서 유입된 문화의 관계에 관한 것이다. 탕이제는 이 작업을 통해 중국 문화의 주체성을 세울 수 있으리라 기대한다고 했다. 또 하나의 큰 계획은 화해和諧 사회와 유학의 관계에 관한 연구, '형刑과 예禮의 합치合治'에 관한 연구, 유가 윤리와 중국 현대 기업가 정신에 관한 연구 등 현실 문제에 관한 세 가지 연구과제로 이루어져 있다.

이상의 내용을 보면, 유가사상을 마치 요술램프나 만병통치약처럼 여기고 있음을 알 수 있다. 문명의 공존을 가능하게 하고, 중국 문화의 주체성을 가능하게 하고, 시장경제화로 인한 부작용을 치료 세계유학대회는 공자 탄신제에 맞추어 공자의 고향 취푸에서 중화인민공화국 문화부와 산둥성 인민정부의 주최로 열리는 세계적 성격의 행사로, 학술과 정치가 절묘하게 결합되어 있다. 중국 전통문화의 전승과 선양, 유학 연구와 교류의 국제화를 위하여 2008년부터 열렸다.

할 수 있는 열쇠를 죄다 유가에서 찾고 있는 것이다. 2011년에 열린 제4회 세계유학대회世界儒學大會에서 탕이제에게 '공자문화상'을 수여한 것도 이런 흐름 속에서 이해할 수 있을 것이다.▪

현재 공자는 중국에서 가장 거대한 지적 힘으로 작용하고 있다고 해도 과언이 아니다. 이러한 공자 열풍은 개혁개방 이후 중국의 급속한 경제 발전에 따른 국력의 성장 및 국제적 지위의 향상과 관련이 있다. 고조된 자신감은 전통문화에 대한 강한 긍정으로 이어지고, 이는 전통문화를 알고자 하는 열기로 이어졌다. 이러한 '국학 열國學熱'은 대중매체로 인해 더욱 가열되었는데, CCTV 〈백가강단 百家講壇〉에서 방영한 이중톈易中天·왕리췬王立群·위단于丹·자이홍선翟 鴻燊·예수셴 등의 대중 강연은 중국의 전통 역사와 문화에 대한 사회적 관심을 고양시켰다.

특히 유가 전통에 대한 긍정은, 마르크스주의가 더 이상 구심점 역할을 하지 못하는 지금, 지역·계층·민족 간의 격차를 연착륙

마오쩌둥(1893~1976). 1949년 10월 1일, 30만 명이 모인 톈안먼 광장에서 개국대전開國大典이 거행되었다. 톈안먼 성루 위에서 마오쩌둥은 중화인민공화국의 성립을 선포했다.

시키려는 후진타오胡錦濤 체제의 아젠다인 '화해사회'와도 공명한다. 중국은 자본주의와 공산주의를 넘어선 제3의 길을 공자로부터 찾고 있다. 바로 이 점에서 신유가 좌파에 속하는 간양甘陽의 발언에 주목할 필요가 있다. 그는 2005년 칭화淸華대학에서 발표한 저명한 강연 「새 시대의 세 가지 전통의 통합—세 가지 전통의 융합과 중화문명의 부흥新時代的通三統-三種傳統的融會與中華文明的復興」[89]에서, 중국은 공자의 전통과 마오쩌둥의 전통과 덩샤오핑의 전통을 결합해야 한다고 주장했다. 자유와 권리를 주장하는 시장경제(덩샤오핑)의 전통, 평등을 강조하는 마오쩌둥 시대의 전통, 그리고 수천 년의 중국 문명을 통해 형성된 중국 전통문화 즉 유가 문화의 전통을 결합하는 것, 이는 궁극적으로 중국을 어떻게 재인식할 것인가에 관한 문제의식에서 나온 산물이다. 그는 중국을 제대로 이해하기 위해서는 서양의 시각에서 벗어나 중국의 독자성을 인식해야 한다고 주장했다.

간양

만청 이후 중국 문명은 송두리째 와해되었습니다.

정치체제의 와해, 경제체제의 와해, 문화와 교육 체계도

완전히 와해되었지요. 중국 전통 문명의 전반적인 와해로

인해, 20세기 이래로 중국에 관한 연구든 서양에

관한 연구든, 중국인이 인용한 권위는 죄다 서양의

것이었어요. 공자를 언급할 수도 있었지만 결코 공자를

권위로 여기지는 않았지요. 하지만 최근 2년 동안

이런 흐름에 변화가 생겼어요. 2004년 말,

남방주말南方周末을 비롯한 몇몇 신문에서 말하길, 2004년은

전통문화가 회귀한 해라고 했지요. 올해(2005)는 과거제도가

폐지된 지 100년이 되는 해입니다. (…) 만청 시기

과거제도의 폐지는 중국의 전통적 정치−문화 기제機制의

철저한 붕괴와 와해를 의미하지요.

덩샤오핑(1904~1997).
덩샤오핑은 미국 타임지에 여덟 번씩이나 실렸는데, 이 사진은 그 첫 번째(1976.1.19.) 것이다. 1976년 1월 8일 저우언라이周恩來가 타계했는데, 사진 왼쪽 아래에 "저우언라이의 계승자: 덩샤오핑"이라는 문구가 있고, 오른쪽 위에 "중국: 친구인가, 아니면 적인가?"라는 문구가 있다.
같은 해 9월 9일에는 마오쩌둥도 세상을 떠났고, 이후 중국은 덩샤오핑의 개혁개방 노선에 따라 고도의 경제 성장을 이뤄나갔다.

과거제도의 폐지와 전통 기제의 붕괴 이후, 중국은 중국 사회를 전면적으로 재조직해야 하는 거대한 임무에 직면했지요. (…) 서양의 경우 전통에서 현대로 옮아가는 데 수백 년이 걸렸어요. 그런데 중국은 만청의 와해로부터 지금까지 100년 남짓밖에 되지 않았어요. 우리는 지금도 여전히 그 과정에 있습니다. 우리는 만청의 와해로부터 중국의 혁명과 개혁의 모든 과정을, 현대 중국을 찾아가고 그 기초를 다지는 하나의 연속체로 보아야만 해요. (…) 자신이 중국인이므로 중국을 잘 알고 있다고 생각하지 마십시오. 반드시 그런 건 아닙니다. (…) 우리는 세계문명의 역사라는 관점에서 중국 역사를 이해해야 합니다. (…) 중국은 역사상 서양과 그 어떤 관계도 없이 서양의 외부에 있었어요. 서양 역시 완전히 중국의 외부에 있었지요. (…) 오랜 시간 중국은 서양을 이해하지 못했고 서양도 중국을 이해하지 못했어요. (…)
우리가 인식해야 할 것은, 중국은 서양이 이해하기 어려운
문명이며 완전히 그들의 외부에 있다는 것입니다. (…)
두 문명의 차이는 매우 크기 때문에 중서 문명을 비교하면
서 중국과 서양의 유사성을 강조하는 것은 천박하고
별 의의도 없습니다. 니체가 말했듯,
그런 비교는 지혜의 부족을 의미하는 것이지요.

　이후 간양은 이렇게 독자적인 문명을 지닌 중국이 나아갈 길이
무엇인지, 「중국의 길: 30년과 60년中國道路: 三十年與六十年」(2007)[90]이
라는 글에서 구체적으로 제시했다. 이 글에서 그는 중화인민공화국
건국 60년의 여정을 되짚어봄으로써 1979년 이후 30년 동안의 개
혁을 새롭게 조명하고자 했다. 개혁개방 이후로 먹는 문제가 해결
된 반면 빈부차가 날로 확대된 현실에 대해, 그는 '개혁에 대한 새

여기서 다시 한번 말하고 싶은 것은, '중국을 대표하는 문화상징'의
상위 10위 안에 들었던 인물이 바로 공자와 마오쩌둥과 덩샤오핑이
었다는 사실이다. 그리고 간양이 세 가지 전통을 함께 중시한다고
하면서도, 공자-마오쩌둥-덩샤오핑의 순서로 그 중요성을 인식하
고 있다는 점에서 앞의 조사에서 나타난 대학생들의 인식과 매우
흥미로운 일치를 보여준다. 이것이 오늘날 중국인의 문화심리를 반
영하고 있는 것은 분명해 보인다. 어쩌면 공자·마오쩌둥·덩샤오핑
이 '지식-권력'으로서 이미 중국인의 모세혈관 구석구석까지 자리
잡고 있는 것인지도 모르겠다.

로운 공동 인식'의 중요성을 강조했다. 또한 '효율 우선'이 아닌 '사회
의 공평'을 지향하는 개혁을 추구하고, 개혁의 결과는 '소수가 먼저
부자가 되는 것先富'이 아닌 '함께 잘사는 것共同富裕'이 되어야 한다
고 주장했다. 그는 개혁에 대한 새로운 공동 인식이 실제로는 중화
인민공화국의 60년 역사가 종합된 결과, 즉 전반부의 30년 전통(마
오쩌둥의 전통, 평등·정의)과 후반부의 30년 전통(덩샤오핑의 전통, 시장·
자유·권리)이 새롭게 종합된 결과라고 보았다. 그리고 여기에 한 가
지 전통을 더 언급했는데, 그것이 바로 전통문화(유가 전통)다. 그는
'화해사회'라는 개념이 기본적으로 중국의 유가 전통에 바탕을 둔
것임을 강조했다. 그리고 화해사회의 실질적 목표인 '함께 잘사는
것'은 마오쩌둥의 사회주의 전통이 추구하는 핵심임을 언급했다. 또
한 '함께 잘사는 것'은 시장경제에 힘입을 수밖에 없다고 했다. 결국
함께 잘살기 위해 이 세 가지의 전통 가운데 어느 것 하나도 배척하
지 않고 하나로 감싸안을 것을 주장한 것이다.

이 글에서 간양은 다시 한번 다음과 같이 중국의 독자적인 길을
강조했다.

> 나는 서양 이론들이 우리에게 큰 가치가 있다고
> 생각하지 않는다. 중국인은 자신의 머리로 문제를
> 생각해야만 하고 자신의 발로 길을 걸어야만 한다. (…)
> 중국의 개혁이 추구하는 최종 목표는 미국과 같은 자본주의
> 사회를 만드는 것이 아니라 '유가 사회주의 공화국'에
> 도달하는 것이다. 얼마 전에 내가 지적했듯이,
> '중화인민공화국'의 실질적 함의는 '유가 사회주의 공화국'이다.
> 첫째, '중화'는 중화문명을 의미한다. 중화문명의 축은
> 유가를 중심으로 도가와 불교와 기타 문화 요소를 포용한
> 것이다. 다음으로, '인민공화국'은 자본의 공화국이 아닌
> 공인工人과 농민과 기타 노동자를 주체로 하는 전체 인민의

공화국을 의미한다. 이는 사회주의 공화국이다. 따라서
중화인민공화국의 실질은 '유가 사회주의 공화국'이다.
중국 개혁의 가장 중요한 의의는 '유가 사회주의'의
심층적 내함을 발굴하는 데 있으며,
이는 장차 21세기 중국의 최대 과제다.

중국의 개혁이 추구해야 할 최종 목표는 미국식 자본주의 사회
가 아닌 '유가 사회주의 공화국'임을 주장한 간양은 이후에도 꾸준
히 대중매체를 통해 자신의 주장을 널리 알렸다. 그는 2008년 12월
에 펑황鳳凰TV 〈세기대강당世紀大講堂〉에 출연하여 '당대 중국의 사
상해방當代中國的思想解放'이라는 주제의 대담에서, 서구에 대한 맹목적
추종에서 벗어난 독자적인 중국의 길을 강조했다. 이어서 2009년
4월에는 '부강과 품위富强與文雅'라는 주제의 대담에서, 중국의 진정
한 목표는 단순히 부강에 그치는 것이 아니라 타자로부터 존경받을

수 있는 품위를 갖추는 것이며 중국의 굴기는 반드시 문화의 굴기를 필요로 한다는 것을 강조했다.[91]

중국이 진정한 초강대국으로 굴기하기 위해서는 하드파워뿐 아니라 소프트파워가 필요한 만큼 문화라는 코드를 끌어들이지 않을 수 없는 것이다. 중국에서 소강사회小康社會의 관건이 되는 시점으로 말해지는 12차 5개년 계획 기간(2011~2015)의 핵심 과제에는, 문화의 발전과 번영을 추진하고 국가의 문화 소프트파워를 제고할 것이 포함되어 있다. 이는 「강요綱要」[92]에서 밝히고 있듯이, 문화를 민족의 정신과 영혼이자 국가 발전과 민족 진흥의 강대한 역량으로 간주하고서, '중화문화'를 선양하고 '화해문화'를 건설하며 문화사업과 문화산업을 발전시키고자 하는 것이다. '중화'와 '화해'라는 문화코드에 공자만큼 꼭 들어맞는 존재가 또 있을까? 간양은 '중화'를 '유가'로 풀어내지 않았던가. 중국의 부상을 경계하는 세계를 향해 중국은 패권을 추구할 의지가 전혀 없음을 강조하고 있는 오늘날, 화

■

2010년 12월 9일 제1회 공자평화상 수상자로
는, 양안兩岸의 평화에 기여한 공로로 국민당
명예주석 롄잔連戰이 선정되었다. 2011년에 이
상은 돌연 폐지되고 대신 '공자세계평화상'이 제
정되었는데, 이마저도 관련 규정 위반으로 인해
중단된 상태. 류샤오보의 노벨평화상 수상으
로 촉발된 공자평화상을 둘러싼 일들은 중국이
어떤 방식으로 국제사회에서 자신의 목소리를
내고 있는지 보여주는 단적인 예다.

평굴기의 국가 이미지를 형성하는 데 있어서도 공자는 절실히 필요
한 존재인 셈이다. 그런데 역시 의문이 든다. 중화와 화해는 어떻게
공존할 수 있을지? 혹 중화를 보호하기 위해 화해라는 갑옷을 걸
친 것은 아닌지? 2010년 중국의 민주화 운동가 류샤오보劉曉波가 노
벨평화상 수상자로 결정되자 중국 문화부에서 급조했던 평화상, 그
이름이 '공자평화상'이었다.■

제4장

낡고도 새로운
논쟁

기년에 관한 담론이 대두된 만청 이후 한 세기가 흘러갔다. 21세기 대국으로 우뚝 솟아오른 중국, 바로 이 시공간에서 기년에 관한 논쟁이 다시 펼쳐지고 있다. 오늘날 기념 담론의 주인공 역시 만청 시기와 마찬가지로 황제와 공자다. 한 세기 전과 차이점이 있다면, 황제와 공자가 대립을 전제로 경쟁하는 것이 아니라 서로 공모하고 있다는 사실이다. 양자의 공모를 가능하게 만든 것은 대국으로 굴기한 자신감과 그 자신감을 과시하고 인정받고자 하는 욕망이다.

특히 중국 학계의 연구 동향 가운데 주목해야 할 점은, 국가적 규모의 역사 프로젝트가 진행되던 시기와 맞물려 나온 일련의 논문들이 황제 시기를 구체적으로 추산하고 있다는 사실이다.

문화 주체성과 기년

황제와 공자의 부활은 어떻게 기년 담론과 연동되는가? 21세기를 전후한 황제와 공자의 부활에는 앞서 보았듯이 정치적 메커니즘이 분명하게 작동하고 있으며, 정계·학계·언론계가 삼위일체가 되어 황제열와 공자열을 이끌어가고 있다.

21세기를 전후한 기년 담론은 20세기의 그것과 마찬가지로 시대 상황을 정확히 반영하고 있다. 20세기를 전후한 기년 담론에서 제왕의 연호를 대체하기 위해 대두되었던 공자기년과 황제기년은, 서로 다른 정체政體를 추구했던 이들(유신파와 혁명파)에 의해 치열하게 경쟁하는 대립관계에 있었다. 그 뒤 서력기원이 받아들여지면서 결국 기년은 탈의미화된 부호로 여겨졌다. 기년이 단순한 부호라면 더 이상 기년에 관한 논의는 불필요할 것이다. 하지만 오늘날 최고最古와 최고最高의 중화문명을 추구하고 있는 중국은 공자와 황제를 다시 끌어들였고 기년에 관한 담론도 이들과 함께 되살아났다. 이제 기년은 '재의미화'되고 있는 것이다.

주목할 점은 기년의 재의미화를 추동하는 것이 다름 아닌 '서력기원'이라는 사실이다. 즉 오늘날 공자기년과 황제기년에 관한 담론이 염두에 두고 있는 시간좌표는 서력기원이다. 서력기원을 상대해야 하는 공자기년과 황제기년은 이제 더 이상 적대적 관계가 아니라 중국을 더 강력히 키워나가고 더 돋보이게 해야 하는 동일한 임무의 공동 수행자가 된 것이다. 이러한 맥락에서 보자면, 오늘날 기년에 관한 담론 역시 강력한 내셔널리즘의 자장 속에서 이루어지는 것이라 하겠다. 20세기 초의 내셔널리즘이 위기감에서 형성된 것이었던 반면 현재 중국의 내셔널리즘은 자신감을 동력으로 삼고 있다. 강대국으로 부상하면서 고조된 역사적·문화적 자신감에는 역사의 시간좌표를 자국 중심에 두려는 욕망이 작동하고 있다. 지금 중국에

서는 그리스도 탄생을 중심으로 하는 서력기원이 패권을 잡고 있는
것에 대한 의문이 제기되고 있으며, 서력기원이 공인된 것임을 감안
하더라도 최소한 중국 고유의 기년을 병기해야 한다는 주장이 흥기
하고 있다. 이것은 문화 주체성이라는 문제와 관련되어 있다.

기년을 통해 문화 주체성을 관철시키고자 하는 것은, 기념을 과
학적으로 검증하려는 것보다 더 본질적인 욕망이다. 또한 나의 시
각에서 나의 목소리를 내는 것은, 증거에 기대어 나를 주장하는 것
보다 훨씬 더 많은 자신감을 필요로 한다. 이제 중국은 그 자신감
을 갖게 된 것이다. 기념을 문화 주체성과 관련하여 바라보는 시각
이 최근에 들어와서 대두된 것 역시 바로 그 때문이다.

이런 맥락에서 최근(2011.7.8) 타계한 피제싱皮介行의 글을 주목할
필요가 있다. 그는 「중국의 역사문화를 주체로 하는 공자기년 제도
를 건립하자建立以中國歷史文化為主體的孔子紀年制度」(2002)[95]라는 글의 첫
머리에서 이렇게 말하고 있다.

> 아마도 누군가는, 기념은 작은 일이며 약정속성約定俗成에
> 따라 세계가 통용하기만 하면 됐지 무엇 때문에 힘들여
> 공자기념 제도를 추진하느냐고 말할 것이다.
> 하지만 역사는 집단의 창조물이며, 중국인의 세기가

장차 도래할 시대에서는 중국의 역사문화를 전승하고
발양하기 위하여 역사를 창조하는 인간의 주관적
능동성을 발휘하여 중국인의 세기가 더욱 빨리
더욱 견고하게 도래하도록 해야 한다. 역사 기억의 중건과
활성화야말로 중국의 세기를 위해 가장 중요한 일이며,
역사기념 제도의 확립은 바로 중국 역사의 체계화와
자리 잡기 및 존엄화의 관건이 달린 문제로서
결코 소홀히 하거나 멋대로 할 수 없는 것이다.

이어서 그는 유럽 문명의 정치·군사·경제적 힘이 세계 각지로 침투한 결과 예수기년이 공인된 기념제도가 되었음을 지적하며, "이 기년(예수기년)을 주축으로 한 역사적 시각이 대다수 사람의 머릿속에 깊이 새겨져 세계 역사를 논단하는 좌표가 되어버린 탓에 부지불식간에 서양 중심주의로 자신을 보고 세계를 보게 되었다"고 말한다. 그는 만청 시기에 공자기년이 실현되지 못했던 것을 안타까워하며 이제는 양안兩岸이 함께 역사를 중건할 때라고 하면서 이렇게 글을 맺는다.

양안의 학술계·출판계·교육계 친구들에게 호소합니다!

역사는 당신들 손에 있고, 역사를 창조할 기회가
바로 눈앞에 있습니다! 당신들이 중화민족 주체성을
견지하며 공자기년 제도를 널리 보급하여 중화 주체성으로
역사를 보고 역사를 쓰고 역사를 가르치면, 역사의 시야와
형태는 크게 바뀔 것입니다. 중국의 기년에는 중국의
역사문화가 있고 존엄과 기백이 있습니다. 중국인의 노력과
강대해짐에 힘입어 공자기년 역시 강과 바다를 건너
전 지구 인류가 모두 알게 될 것입니다!

이 글에는 서력기원을 염두에 둔 21세기 중국의 기년 담론이 추
구하는 바가 온전히 담겨 있다. 피제싱의 호소에도 불구하고 당
시에는 기년의 문제가 본격적으로 담론화되지 못했다. 그러다가
2006년 말 이후 기년에 관한 논쟁이 본격적으로 펼쳐졌고, 이때 그
는 「중국 문화의 주체성과 공자기년 제도를 다시 논하다再談中國文化
主體與孔子紀年制度」[96]라는 글로 논쟁에 참여하게 된다. 논쟁의 계기
가 되었던 것은 거젠슝葛劍雄의 「오늘날 중국은 어떻게 기년해야 하
는가今日中國該如何紀年」[97]라는 글이다. 거젠슝은 10명의 박사생이 성
탄절 거부 선언을 한 사건에 관한 글을 썼는데, 정작 그가 논의하
려 했던 것은 성탄절 거부와 관련된 내용이 아니라 박사생들의 선

언문 마지막에 적혀 있던 기년 표기에 관한 문제였다. 학생들은 선언문 마지막에 "병술년 기해월 신사일丙戌年己亥月辛巳日 서력 2006년 12월 18일西曆二○○六年十二月十八日"이라고, 간지기년을 사용하는 동시에 '서력'이라는 표현을 사용했다. 거젠슝은 이에 대하여, 학생들이 애국을 제창하는 것에는 찬성하지만 애국은 법을 지키는 데서 시작하는데 간지기년은 법정기년이 아니고 '공력公曆'이라는 법적 용어를 '서력'이라 표현하는 것은 잘못이라며 반대 의견을 표명했다. 이러한 거젠슝의 견해에 피제싱은 강하게 반발하며 기년이 왜 중요한지 다시 한번 역설했다. 그는 서양의 기독기년을 따르는 것은 복종의 상징이며 서양의 족쇄를 벗어나야 중국이 굴기할 수 있음을 거듭 강조했다. "굴기한 중국은 반드시 세계사의 영역으로 진입하여, 자신의 입장·사상·관점으로 세계사를 논하고 해석해야 한다"는 그의 언설은 오늘날 변화된 '세勢'를 극명히 반영하고 있다.■

피제싱은 중화민족의 부흥은 문화 주체성에 달려 있으며 공자기년이 바로 그 주체성을 담보하고 있다고 보았다. 문화 주체성의 측면에서 보자면, 그것이 꼭 공자기년이어야만 하는 것은 아니다. 즉 중국 문화의 주체성을 담보할 수 있다면 그리고 민족의 시간좌표로서 충분한 의미를 지니고 있다면, 기년의 주체가 될 자격이 있는 것이다. 공교롭게도 '공자기년'에 대한 본격적인 논쟁이 펼쳐지던 때와

■

기년과 관련된 '문화 주체성'의 문제가 이상의 논쟁을 통해 본격적인 담론의 장에 올랐다고 할 수 있는데, 산둥 취푸사범대학 공자문화학원 원장 양차오밍楊朝明의 다음 인터뷰 기사도 참고할 만하다. '공자기년은 민족의 문화 주체성과 관련되어 있다'라는 부제가 달린 「농민의 무료 유학 학습과 공자기년 운동農民免費學儒與孔子紀年運動」이라는 기사에서 양차오밍은 다음과 같이 말했다. "희망이 있는 민족이라면 자신의 문화적 입각점이 있어야 하는데, 공자기년이야말로 중국 전통문화에 입각한 기년 방식이다." "유학 부흥과 마찬가지로 공자기년의 중점은 청소년과 지식인에게 널리 보급하는 데 있다. 공자기년을 사용함으로써 민족문화를 사랑하

비슷한 시기에 '황제기년' 역시 언론의 주목을 받게 되는데, 여기서도 문화 주체성의 문제가 핵심이었다. 칭화대 교수로 있던 쉬원성許文勝이 '황제기년'을 회복해야 한다고 주장하며, 기년은 민족 문명의 표지이고 '공원公元'은 '서원西元'으로 불려야 마땅하며 서양의 기년법을 중국인으로서 인정할 수 없다고 했던 것이다. 쉬원성은 신민왕新民網(2007.2.2)을 통해 밝히길, 진정한 국제화란 외래의 것도 받아들여야 하지만 반드시 자기 민족의 실체가 있어야 한다고 했다. 그리고 황제기년의 사용을 주장하는 것은 바로 '민족의 문화'를 부르짖기 위해서라고 강조했다.[98]

2008년 4월 7일, 쉬원성은 황제고리黃帝故里 배조대전拜祖大典을 맞아 허난성河南省 신정新鄭에서 열린 '황제 문화 국제 논단'에서의 강연 「황제의 두 가지 위대한 문화유산-중화기년에서 과학기술의 창조까지黃帝兩個偉大的文化遺産-從中華紀年到科技創新」[99]를 통해 황제기년의 중요성을 다시 한번 역설했다.

> 민족문화가 언제 시작되었느냐를 기원紀元이라고 하며,
> 문명이 얼마나 오랜 시간 지속되었느냐를
> 기년紀年이라고 합니다. 기원과 기년의 개념은 한 국가와
> 문명이 유구한지의 여부와 관련된 시간 개념이지요.

게 되고 민족 자긍심과 자신감을 세울 수 있다."(新華網, 2007.7.17. http://www.hb.xinhuanet.com) 중국의 전통 연호를 회복해야 한다는 저우다오周到의 「기원에 중국 요소를 재현하자-연호 회복에 관한 제안讓紀元再現中國元素-關於恢復年號的倡議」역시 기년에 중국적 요소를 반영할 것을 주장하고 있다는 점에서 문화 주체성과 관련되어 있다. 이 글에서 저우다오는 전통 기년의 회복을 통해 해외 화인의 귀속감을 증진하고, 조국의 통일을 촉진하고, 세계 기년문화의 다양성을 풍부하게 할 수 있다고 주장했다.(『社會科學論壇(學術研究卷)』, 2007年 第9期)

(…) 국가와 민족의 문화가 확고히 연속되었느냐는 기원과 기념에 반영되어 있습니다. (…) 화하문명이 예수탄생기년을 1순위에 둘 때 사실 우리 중화의 문화는 2순위에 놓이는 것이지요. (…) 민족의 자신감을 강화해야 하는데, 중국 민족 자신의 것을 알게 되면 민족정신은 자연스럽게 강화됩니다. 가장 중요한 것은 국가의 통일을 촉진하는 것이지요. 국가의 통일을 위해서는 먼저 문화의 통일이 이루어져야 합니다. (…) 중국의 문명은 황제의 문화를 따라가야만 합니다. 황제기년을 통해 화인들이 모두 알게 해야 합니다. 자신의 출생 시간은 선조의 시간과 하나로 연결되어 있다는 것을 말이지요. 선조와 연결되어 있어야지 예수와 연결되어서는 안 됩니다.

이상은 시간좌표인 기년이 민족문화의 주체성에 대한 감각을 얼마나 예민하게 자극할 수 있는 문제인지 여실히 보여준다. 쉬원성은 2011년 성탄절 며칠 전에 한 신문과의 인터뷰를 통해 황제기년의 회복을 또다시 호소했다.[100] 이 기사의 첫머리에는 이런 말이 나온다. "한국도 4343년이나 되었는데, 중국이 고작 62년밖에 안 되었단 말인가?" "2011은 기독교의 기년, 즉 예수가 탄생한 지 2011년

쉬원성

이 되었다는 것이다. 하지만 중국으로서는 올해가 2011년이 아니고 21세기도 아니다. 올해는 4709년이고 48세기다." 황제기년을 반대하는 사람들은 황제를 허구의 인물로 본다는 기자의 말에, 쉬원성은 그것을 '허튼소리'라고 단언하며 황제는 화하의 인문시조로서 결코 허구의 인물이 아니라고 강조한다. 그는 문화 주체성을 민감하게 의식하며 공력公曆·공원公元 대신 서력西曆·서원西元이라는 용어를 고집한다. 같은 맥락에서 그는 '성탄절'을 9월 28일 공자의 생일로 바꾸자고 제안한다. 중국의 '성인'은 공자이기 때문이라는 것이다. 12월 25일의 '성탄절'에 대한 바른 번역은 '예수절'이라는 지적과 황제기년이 결코 비과학적이지 않다는 논의에 이어서, "기독기년을 사용하는 것이 중화문명의 포용성을 말해주는 것이 아닌가"라는 기자의 질문에 쉬원성은 이렇게 답한다.

> 이건 융합이나 포용의 문제가 아닙니다.
> '뿌리'의 문제이지요. 기년법은 본질적으로
> '뿌리문화根文化' 의식을 나타내는 것입니다.

'기년—뿌리—선조'라는 인식 틀 속에서 쉬원성은 황제기년의 중요성을 주장한 것이다. 그는 민족의 뿌리가 민족의 자신감과도 연결되어 있다고 본다. 민족의 자신감과 자비감自卑感은 한가지 문제의 두 측면인데, 기년에도 그러한 양면성이 있는가라는 기자의 질문에 쉬원성은 이렇게 답한다.

> 중국은 근대 이후로 낙후되어 얻어맞느라 민족 자신감에
> 큰 타격을 입었어요! 지금은 민족의 자신감과 민족정신을
> 강화해야만 합니다. 중국은 아직 통일을 이루지 못했어요.
> 통일을 위해서는 먼저 문화가 통일되어야 합니다. 양안의
> 인민은 영원히 하나의 '뿌리'로 이어져 있고, 선조의 시간과
> 이어져 있지요. 선조와의 연결고리를 놓치면 안 됩니다!
> 그렇게 되면 자자손손 민족의 자신감을 완전히 상실하고
> 민족 자비감에 빠지게 되지요!

뿌리에 관한 논의가 양안의 통일이라는 현실정치 논리로 이어지고 있음을 알 수 있다. 이런 맥락에서 기년은 중국의 굴기를 위한 문화 논리로 연결될 수 있는데, "중화문화의 전면적인 부흥과 강세는 경제의 강세에 달려 있는 것 아니냐"는 기자의 질문에 대한 쉬원성의 대답을 주목해보자.

확실히 그렇지요. 강하면 다른 사람이 배우려고 하는
법입니다. 당唐나라가 강했기 때문에 만방이 내조來朝했던
것이지요. 물질이 정신을 결정합니다. 보충하자면,
중화문화의 전면적인 부흥과 강세는 단지 경제의 강세에만
달려 있는 것이 아니라 군사적 강세에도 달려 있어요.
송宋나라의 경우 경제가 강했고 과학기술의 성과가 그 당시
세계의 95퍼센트를 차지했지만 군사는 어땠나요? (…)
경제적 강세에 군사적 강세가 더해져야만 문화적 강세도
이룰 수 있는 겁니다! 지금 우리 문화는 아직 그다지 강세에
있지 않기 때문에 황제기년의 회복이 절실히 필요해요.

쉬원성은 '힘'의 논리에 입각해 이제 중국이 경제와 군사의 굴기
에 이어 문화적으로 굴기할 때임을 말하고 있다. 그가 황제기년의
회복이 문화 굴기에 필요하다고 주장하는 이유는 무엇일까? 그것
은 바로 황제기년을 통해 중화문명에 대한 공동체 의식을 고양시킬
수 있다고 보기 때문이다.

기원紀元과 기년은 국가 문명과 민족 문화의 시간
개념입니다. 그것을 통해 국가와 민족 문화의 연속적 역사를

나타내는 것이지요. 황제기년을 사용하게 되면 중화민족의 근원을 나타낼 수 있기 때문에 모든 사람이 중화문화에 대한 공동체 의식을 갖게 되지요. 전에 제가 황제기년을 제안하면서 이렇게 말했지요. "모든 이마다 자기 민족의 핏줄이 있다. 모든 이의 출생 시간은 자기 민족의 선조와 연결되어야 한다. 모든 민족의 역사적 성과와 조대의 사건도 각 민족의 시간에 따라 기록해야 한다. 이것은 모든 국가와 민족과 개인이 따라야 하는 기본 규칙이다."

마지막으로 또 한 명 주목할 이가 있다. 2009년, 위추위余秋雨는 제3회 황제 문화 국제논단 강연 「황제를 문화좌표로 삼으라把黃帝作爲一個文化座標」[101]에서 '문화좌표'라는 술어를 동원하여 중화문명과 황제의 관계를 논했다. 이 강연의 모두에서 그는 황제를 문화좌표로 삼을 것을 주장하며, 문화좌표는 현재와 미래에 관련된 것이기에 역사좌표보다 더 중요하다고 했다. 이어서 그는 황제기년에 관해 언급하면서 신해혁명 때 '황제기원 4609년'이라는 표현을 사용한 것은 기껏해야 몇백 년 역사밖에 없는 열강들을 겨냥해 중국의 자존심, 중화민족의 존엄을 회복한 사건이라고 평가했다. 위추위는 중화문명만이 단절 없이 이어져온 문명임을 계속하여 강조한다. 그리

고 바로 이 때문에 중국은 인류와 문화에 대해 말할 '자격'을 더 갖추고 있다고 자부한다.

> 신해혁명의 영웅들은 바로 이때 돌연히 중국과 사회에
> 문화좌표를 제공해주었지요. 황제는 어떻게 해서 오늘날에
> 도 우리의 문화좌표가 될 수 있는 것일까요? 무엇보다도
> 먼저 그것은 우리 문명의 연대를 말해주지요.
> 오늘날 이것은 매우 중요합니다. 우리는 이미 세계화 시대에
> 들어섰고, 몇 가지 대문명이 경쟁하는 시대에 들어섰기
> 때문입니다. (황제기년이 말해주는) 연대는 우리가
> 세계 4대문명의 하나임을, 4대문명 가운데 유일하게
> 단절 없이 오늘날까지 연속되어온 문명이 중화문명임을
> 일깨워주지요. 이 개념은 하나의 좌표로서 우리의
> 기억 속에 계속 보존되어왔지요. 이 좌표에 근거해서
> 우리가 기세등등해할 필요는 없지만, 우리의 문명이 그토록
> 오랜 세월 동안 끊임없이 이어져왔기 때문에 우리는 그토록
> 많은 자신감을 가질 수 있습니다. 또한 이 좌표는 우리의
> 동료인 신흥 민족에게 사람은 어떻게 살아가야 하는지,
> 문화는 어떻게 연속해나가는지를 알려주지요.

치우를 정벌하는 황제의 모습을 그린 벽화. 허난성 신정 황제 고리의 정전에 그려진 것으로, 황제와 치우의 모습이 극명하게 대비된다. 황제는 곰이 그려진 깃발이 꽂힌 수레를 타고 있으며, 수레 앞쪽의 용은 황제의 명을 받들고 있다. 반면에 치우는 벌거벗은 몸으로 황제에게 쫓기고 있다. 반란자를 정벌하는 위엄 있는 제왕으로 묘사된 황제와 미개한 반란자로 묘사된 치우, 이 벽화에서 두 사람은 각각 문명과 야만을 상징한다.

황제를 중화민족의 시조로 묘사한 벽화. 허베이 줘루의 중화삼조당中華三祖堂 안에 그려진 것으로, 황제는 제왕의 상징인 황금빛 옷을 입고 있으며 허리에는 둥근 옥을 차고 있다. 황제의 좌우에 있는 네모난 정鼎 역시 황권을 상징한다. 황제의 발아래에는 용이 있고 용의 좌우로 많은 동물이 나열되어 있는데, 이는 황제가 고대에 여러 민족을 하나로 통합한 것을 뜻한다.

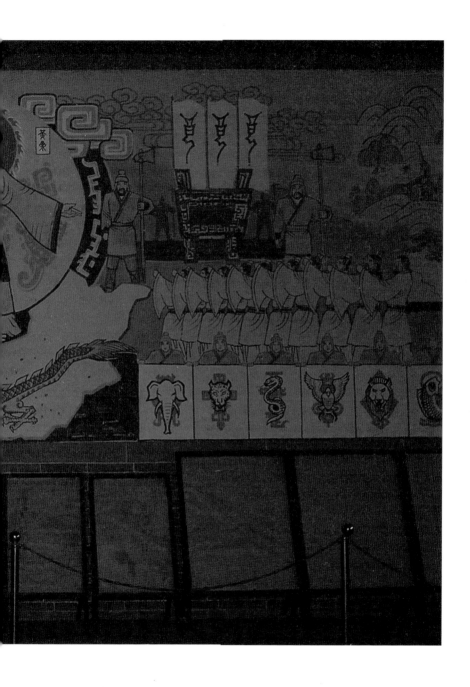

우리가 더 많이 말할 자격이 있는 것은, 유일하게
우리의 문명만 단절이 없었기 때문입니다.

또한 위추위는 황제가 바빌로니아에서 왔다는 20세기 초의 담론을 비판하면서, 중화문명과 황제 모두 자생적이고 독립적인 것임을 강조했다.

황제는 우리의 황제이지 바깥에서 온 황제가 아닙니다.
이것은 황제 문화좌표에서 매우 중요한 것이지요.
이는 우리(중화문명)가 자생적이고 원생적原生的이며 독립적인
문명이라는 커다란 문제와 연관되어 있습니다.

국제적으로 지명도 있는 저술가이자 학자인 위추위의 한 시간에 달하는 강연, 그것은 중심과 최고의 '중화'를 오롯이 대변하고 있다. 그에게는 바로 그 중화의 상징으로서 황제가 중요한 것이다. 고대의 모든 중화문명이 황제를 통해 결집되었고 그 이후 황제가 부족들을 통일함으로써 야만으로부터 문명을 수호했으며, 황제로부터 오늘날까지 중화문명이 단절 없이 이어져오고 있음을 강조하는 위추위의 언설에서 황제는 민족의 구심적 역할을 단단히 하고 있다.▪

▪

이러한 위추위의 서사는 '다원일체'로
서의 중화민족이라는 담론과도 절묘하
게 맞아떨어진다. 또한 문명이 수호되
기 위해서는 강력한 국가가 필요하다
는 논조에 이르면 영락없는 '국가주의
자'의 목소리를 듣게 된다.

기원전 21세기, 우리의 이 대지는 문명의 문턱을
넘어섰습니다. 바로 그 과정에서, 5000년 전에 살던 황제가
엄청난 역할을 했지요. 앞서 말씀드렸듯이,
우리의 모든 문명을 황제가 창조한 것은 아닙니다.
하지만 황제 이전의 모든 중화문명이 그로 인해 집결되었고,
이후 요·순을 거쳐서 정식으로 기초가 세워진 뒤
하·상·주·춘추전국 시대로 이어졌습니다.

이상과 같은 위추위의 서사 속에서 황제기년은 끊어지지 않고 이
어져온 중화문명을 상징한다. 뿐만 아니라 앞에서 살펴봤듯이, 세
계 속에서 더 큰 목소리를 낼 자격을 지닌 문명의 중심을 담보하고
있는 것이 바로 황제기년이다.

오늘날 기년은 완벽하게 '재의미화'되고 있다. 공자기년과 황제기
년을 중심으로 이루어지고 있는 기년의 재의미화, 그 중심에는 문
화 주체성이 자리 잡고 있다. 중국은 이제 자신의 기준으로 역사를
뒤돌아보고자 하고 또한 내다보고자 한다.

위추위

중국의 문화 주체성에 대한 자각, 그 곁에서 생각해볼 거리

중국의 굴기는 '중국'으로 하여금 스스로를 다시 들여다보게 만들었다. "중국'이 과거·현재·미래를 새롭게 인식함으로써 세계화 시대에서 중국 문명이 주체성에 판한 이론적 사고와 실천적 관심을 촉진'하기 위해 2004년에 성립된 '중국 문화논단中國文化論壇' 등이 간양 주편主編으로 기획된 '문화: 중국과 세계 신론文化: 中國與世界新論' 총서, 2009년 편양潘陽이 주도 하에 개최되었던 '득솔토론회 '인민공화국 60년과 중국 모델人民共和國六十年與中國模式' 등이 보여주는 최근 중국 지식계의 화두 역시 중국 문화의 주체성과 관련되어 있다. 이들이 논의는 '중국을 어떻게 규정할 것인가, 즉 중국을 무엇이라고 설명할 것인가'라는 문제에서 공유하고 있다. 또한 중국만의 독특한 '중국성'을 강조한다는 점에서도 시각의 일치를 보여주고 있다. 서구 중심의 세계질서에 대한 반발, 중국 역사와 중국 문명의 연속성에 대한 강조에서도 이들 논의의 유사점을 찾을 수 있다.

하구이메이何寬梅의 지적처럼 중국의 '문화자각'은 중국 지식계의 변화에만 국한

된 것이 아니다.93 중국의 '전통'을 어떻게 인식할 것인가를 놓고 중국 정부, 문화시장, 민중, 지식계의 움직임이 반영된 민족 심리의 전반적 전환이 바로 오늘날 중국의 '문화자각'인 것이다. 국가·유학·공자·화해사회·문화신앙·백 가쟁단 등등 전통이 부활은 바로 그러한 문화자각과 맥을 같이하고 있다. 이러한 문화자각은 전통을 새롭게 '발명'해가는 과정으로 해독할 수도 있을 것이다.

중국이 스스로를 어떻게 구성하느냐는, 중국이 세계와 어떤 관계를 맺어나갈 것 인지와 일정하게 연관되어 있는 문제이기도 하다. 사양이 중국을 규정해온 시각 으로부터 벗어나는 데에 있어서 중국의 독특성을 강조하는 것은 효과적인 전략 이다. 그런데 그 독특성에 대한 강조가 중국의 우월성에 대한 근거로 꼽아들여진 다면, 타자의 문화 주체성을 침해할 만한 논리로도 이어질 수 있다. 역사를 돌이 켜보면 우월한 문명을 자부하던 이들이 '문명'의 사명'이라는 명목으로 제국주의 적 침략과 식민지 지배를 정당화하지 않았던가. 중국식 모델, 중국식 기준, 중국

이 길 들 등이 연설에서 문화패권주의를 감지하는 게 기우만은 아닐 것이다. 한편

"중국식 모델은 없다"[94]라는, 경제학자 천즈우陳志武의 주장에도 귀 기울여볼 만

하다. 그의 주장처럼 중국의 경제성장 역시 '자유'와 '법치'라는 인류사회의 보편

적 규율에서 벗어날 수 없는 것이라면, 상하 복종관계가 그 본질적 속성인 유가

문화를 앞세운 중국의 문화패권 전략이 과연 성공할 수 있을지 의문이다.

20세기 초 한국 역시 비슷한 상황에 놓여 있었다. 이에 대해서는 앙드레 슈미드의 『제국 그 사이의 한국 1895-1919』(정여울 옮김, 휴머니스트, 2007)의 논의(419~434쪽)를 살펴볼 만하다. 그 당시 많은 신문이나 잡지에서는 단군이 고조선을 세운 것으로 추정되는 기원전 2333년을 기점으로 연도를 계산하는 '단기檀紀'를 사용했다. "한국사의 사건을 기록하기 위해 왕조의 연호를 포기하고 단군의 연호를 사용함으로써 백성들은 역사적 사건을 단군과 연관시켜 생각할 수 있게 되

100년 뒤의 세계는 몇 년도일까

　『남산집』 사건은 천자가 시간의 주인임이 천경지위天經地緯의 진리였던 시절에 벌어진 일이다. 그 당시 제왕의 연호는 절대적인 시간좌표였고, '중화'의 세계 역시 확고부동했다. 만청 시기에 이르러 그 세계는 흔들렸고, 연호라는 시간좌표의 절대성도 도전을 받게 되었다. 하지만 『강학보』의 폐간은 그러한 도전이 만만하지만은 않았음을 의미한다. 그럼에도 불구하고 결국은 우승열패의 세계 속에서 중국이 살아남기 위해서 시간좌표의 주인공은 천자가 아닌 '민족'이 되어야 했다.■

　가장 강력한 대안으로 공자기년과 황제기년이 경쟁했다. 공자와 황제 모두 왕조의 정통과 연결되어 있던 고리를 끊고 민족이라는 새로운 역사 주체와 연결되었다. '피'를 내세운 혁명파의 황제가 '문화'를 내건 유신파의 공자보다 강력했다. 하지만 혁명이 성공하고 청 왕조가 무너지자 비한족까지도 포함한 중국을 건설해야 했고 한족만의 황제가 부각되는 것은 기꺼운 상황이 아니었다. 중화민국은

었으며, 한반도의 백성 전체를 같은 조상의 후손으로 간주하게 되었을 뿐 아니라, 그럼으로써 조국을 더욱 사랑하게 되었다."(같은 책, 420쪽) 단군의 지위가 격상되는 과정은 '민족'이라는 신조어의 사용이 늘어나는 현상과 나란히 진행되었다. 신채호는 '단군'과 '민족'이라는 요소를 결합시켜 민족사를 확장시키는 작업을 최초로 시도했는데, 단군과 민족이라는 두 개념은 새로운 한국사 서술을 위한 강력한 도구로 부상했다.(같은 책, 421쪽)

즉시 민국기년을 도입했다.

그 뒤 기년과 관련된 해프닝이 있었다. 1916년 1월 위안스카이袁世凱는 국호를 중화제국이라 하고 홍헌洪憲이라는 연호를 제정했다. 그러다가 석 달도 채 못 되어 3월 22일 군주제는 철회되고 다음 날 홍헌이라는 연호도 폐지되었다. 1916년은 홍헌 원년이 아닌 중화민국 5년이 된 것이다. 제왕의 연호를 쓰고자 했던 것은 그야말로 시대에 역행하는 일이었다. 한편 이 해프닝은 '기년'이 얼마나 '의미화' 된 부호인가를 보여주는 것이기도 하다. 서력기원을 주장한 이들이 가장 먼저 의식할 수밖에 없었던 것도 바로 기년의 의미성이었다. 그래서 그 의미성을 애써 무시하며 '그까짓' 기년은 연대를 나타내는 '단순한 부호'에 불과하다며 기년의 '탈의미화'를 추구했던 것이다. 결국 중화인민공화국의 성립과 함께 서력기원은 공식적인 기년법이 되었다. 이때 서력기원은 단순한 부호로만 받아들여졌다.

하지만 기년은 결코 탈의미화된 부호로 존재할 수 없다. 기년에

의미를 부여하고 그렇게 의미화된 기념을 동원하려는 욕망이 존재하는 한 말이다. 21세기 중국은 20세기 전후의 중국과 매우 다른 상황에 놓여 있다. 급격한 추락과 급격한 상승, 한 세기 전의 추락과 현재의 비상, 이 상반된 상황에서 공자와 황제는 늘 기념과 얽혀 역사 무대로 소환되고 있다. 이제 공자와 황제는 완벽하게 '중화민족'의 것으로 포섭되었고 중화민족을 대표하는 아이콘이 되었다. 양자는 최고最高와 최고最古의 '중화문명'을 상징하며 강력한 소프트파워로 기능한다. 중국은 다시 '중화'의 세계를 꿈꾸며 서구 중심의 세계에 도전하고 있다. 이와 더불어 한 세기 전에 제왕의 연호에 도전하듯 서력기원에 의문을 제기하고 있다. 일찍이 제왕의 연호를 무너뜨리기 위해 공자기년과 황제기년이 등장했고, 지금은 서력기원의 타당성을 문제 삼으며 공자기년과 황제기년이 또다시 부활했다.

그리스도 탄생을 기점으로 하나의 축 위에 정렬된 서력기원의 확산, 즉 보편적 연대기의 승리는 서구 세계의 승리이자 비서구 세계의 패배를 상징한다. "그리스도교는 달력을 지배했고, 서력기원의 사용은 사방으로 확산되었다."102 서기西紀, 우리가 날마다 무의식

그레고리력 제정을 위한 위원회. 교황 그레고리우스 13세는 부활절 날짜가 점점 부정확해지자 역법 개혁을 단행했다. 율리우스력의 윤년 제도를 수정함으로써 태양의 위치와 책력이 잘 들어맞도록 개혁한 것이다. 그 과정에서 율리우스력과 그레고리력 사이에 생긴 열흘의 오차를 수정하기 위해, 1582년 10월 4일의 다음 날이 바로 10월 15일이 되게 하는 조치를 내렸다. 이와 더불어 그레고리우스 13세는 그리스도의 할례 축일인 1월 1일을 한 해의 시작으로 삼게 했다. 물론 그레고리력 역시 그리스도가 탄생한 해를 기원紀元 원년으로 삼는 서력기원에 바탕하고 있다. 그레고리력은 가톨릭 국가들에서 먼저 받아들여졌고, 그 뒤 유럽의 팽창과 더불어 전 세계로 뻗어나갔으며 오늘날까지도 보편적으로 쓰이고 있다.

적으로 자연스럽게 사용하고 있는 서력기원이 세계를 지배한 것은 16세기부터 19세기에 이르는 유럽의 팽창에 기인한다. 세계가 하나의 공간으로 인식되면서 인류의 시간 역시 동일한 방식으로 재단되었다. 공간의 동질화는 시간의 동질화를 수반했던 것이다. 서력기원에 대한 도전은 바로 이러한 동질화 과정의 타당성에 대한 도전이기도 하다. 과연 무엇이 시간좌표가 되어야 하는가? 이는 누가 그것의 결정권자가 되어야 하는가라는 질문이기에 문화 주체성과 관련되어 있다. 현재 분명한 사실은 중국 스스로 그 결정권자가 되고자 한다는 것이다. 결정의 주체가 될 수 없었을 때는 기년의 탈의미화가 진행되었지만, 이제 기년을 '재의미화'할 때가 무르익었음을 감지한 것이리라.

기년이라는 낡고도 새로운 논쟁은 역사 그리고 그 속에서 살아가는 인간이 얼마나 변덕스러운 존재인지 말해준다. 시대의 격변기마다 기년의 문제가 대두되었으며, 그때마다 시간좌표를 둘러싸고 야기된 담론에는, 세계라는 공간좌표 속에 자리한 중국의 자기 인식이 반영되어 있다. 20세기 전후의 중국과 21세기 전후의 중국이라는 시간 축, 세계라는 공간 축, 바로 그 속에서 펼쳐진 기념에 관한 담론들에는 중국의 변덕스러운 자기 인식이 고스란히 담겨 있다. '정점-하강-상승-정점'이라는 급속한 국세의 변화가 중국의 자기 인식과 맥을 같이하고 있는 것이다. 중국의 변덕스러운 자기 인식만큼이나 공자기념과 황제기념의 관계도 변덕스럽다. 만청 시기 서로 대립하고 있던 공자와 황제라는 부호가, 이제 '다원일체로서의 중화민족'이라는 개념의 충실한 매개체로서 그리고 최고最古와 최고最高의 중화문명을 표상하는 상징으로서 공존하고 있다.

한편으로는 공자기념과 황제기념에 내재한 변함없는 메커니즘도 존재한다. 양자가 경쟁하는 관계처럼 보이지만, 사실은 양자 모두 서력기원에 맞선다는 공통점을 지니고 있다. 즉 기념에 관한 담론을 추동하는 것은 '서구'라는 문화적 타자 그리고 문화 주체성에 대한 자각이다. 서력기원에 맞서고자 하는 기념의 구상은, 중국의 연대기를 더욱 끌어올리려는 역사 프로젝트들처럼 '민족국가의 단일한 역사'라는 상상에 기초하고 있다. 20세기에도 21세기에도 기념의 문제는 민족과 국가의 정체성과 관련되어 있다. 또한 그것은 민족과 국민을 동원하는 애국 논리로 활용되고 있다. 시간 축을 양쪽으로 조금 더 늘여보면, 그 이전의 과거에도 '중화'라는 코드가 자리하고 있었으며 앞으로의 미래에도 '중화'라는 코드가 자리할 것임을 알 수 있다. 공자와 황제는 '중화'의 자원으로 동원될 수 있는 가장 큰 에너지를 지닌 상징부호다. 이 부호가 지금 시간 축의 주인공으로 소환되고 있는 것이다.

현재 세계는 모두 2012년을 살아가고 있다. 아마도, 아니 틀림없이 내년은 2013년일 것이다. 그렇다면 100년 뒤는? 올해가 황제기년으로 4709년이어야 한다거나 공자기년으로 2563년이어야 한다고 믿는 이들은, 100년 뒤가 4809년 내지 2663년이길 바랄 것이다. 2012년과 4709년은 확실히 다른 느낌을 전해준다. 민족의 뿌리를 상기시키는 기년은, 본능적인 피의 감각을 일깨운다. 설령 그것이 허구임을 인지하고 있다 하더라도, 기년이 지닌 레토릭의 힘은 너무도 막강하다. 민족의 역사를 시간화하는 방식의 의미는 바로 그 힘에 빨려 들어가고 마는 듯한 느낌에 집약되어 있는 것인지도 모른다. 그리고 보니 올해는 단기 4345년이다. 마지막으로, 서력기원에 맞서는 역사의 시간좌표를 추구하는 이들에게 질문을 던져본다. 역사의 시간좌표를 장악하려는 중국의 욕망은 권력을 행사할 수 있는 민족으로서의 자신감, 권력을 행사하고자 하는 민족의 욕망을 대변하지 않는가. 대국은 과연 어떻게 굴기할 것인가? 그 자신감과 욕망이 화평굴기와 공존할 수 있을까?

1_ 趙汀陽,『天下體系: 世界制度哲學導論』, 2쪽, 南京:江蘇教育出版社, 2005.

2_ "妄竊文名, 恃才放蕩. 前爲諸生時, 私刻文集, 肆口游談, 倒置是非, 語多狂悖. 今身膺恩遇, 叨列巍科, 猶不追悔前非, 焚削書板. 似此狂誕之徒, 豈容濫厠淸華! 祈勑部嚴加議處, 以爲狂妄不謹之戒."(『聖祖仁皇帝實錄』卷二百四十八, 康熙五十年十月至十二月.)

3_ "諸公貴人畏其口, 尤忌嫉之."(『淸史稿』卷四百八十四, 列傳二百七十一「戴名世傳」.)

4_「淸代奇案回眸-康乾盛世裏的『南山集』案」, 上海法治報, 2010.1.6.

5_ "都御史趙申喬奏刻『南山集』語悖逆, 遂逮下獄."(『淸史稿』卷四百八十四, 列傳二百七十一「戴名世傳」)"刻編修戴名世所著『南山集』·『子遺錄』有大逆語, 下刑部, 鞫實坐斬."(『淸史稿』卷二百六十三, 列傳五十「趙申喬傳」)

6_ "昔者宋之亡也, 區區海島一隅僅如彈丸黑子, 不踰時而又已滅亡, 而史猶得以備書其事. 今以弘光之帝南京, 隆武之帝閩越, 永曆之帝兩粤·帝滇黔, 地方數千里, 首尾十七八年, 揆以『春秋』之義, 豈遽不如昭烈之在蜀, 帝昺之在崖州? 而其事漸以滅沒."(戴名世,「與余生書」,『戴名世集』卷一, 北京:中華書局, 2000.)

7_ "南海先生倡强學會, 卽用太史公之例, 大書孔子卒後二千四百七十三年. 會中一二俗士聞之, 則舌撟汗下色變, 懼禍將及己, 汲汲請除名, 曰: '是不奉今王之正朔也. 是學耶穌也.'"(梁啓超,「紀年公理」(1898),『飮氷室合集·飮氷室文集之三』, 36쪽, 北京:中華書局, 1989.)

8_ "自强學會報章, 未經同人商議, 遽行發刻. 內有廷寄及孔子卒後一條, 皆不合.

現時各人星散, 此報不刊, 此會不辦."(湯志鈞, 『戊戌變法史』, 155쪽, 北京: 人民
出版社, 1984.)

9_ "不用國號, 以孔子降生紀年, 之洞不悅, 有責言."(胡思敬, 「戊戌履霜錄」, 『中國
近代史資料叢刊·戊戌變法』第1册, 372쪽, 上海人民出版社, 1957.)

10_ 文悌, 「文仲恭侍御嚴參康有爲摺」, 葉德輝 編, 『翼敎叢編』卷二, 85쪽, 臺北:
文海出版社有限公司, 民國60(1971).

11_ "其言以康之『新學僞經考』·『孔子改制考』爲主, 而平等·民權·孔子紀年諸謬說
輔之. 僞六籍, 滅聖經也. 託古改制, 亂成憲也. 倡平等, 墮綱常也. 伸民權, 無
君上也. 孔子紀年, 欲人不知有本朝也."(蘇輿, 「『翼敎叢編』序」(1898), 『翼敎叢
編』.)

12_ "梁啓超之爲敎也, 宣尼與基督同稱, 則東西敎宗無界. 中國與夷狄大同, 則內
外彼我無界. 以孔子紀年黜大淸之統, 則古今無界. 以自主說平君民之權, 則
上下無界."(葉德輝, 「正界篇序」, 『翼敎叢編』卷四, 219쪽.)

13_ 康有爲, 「請尊孔聖爲國敎, 立敎部敎會, 以孔子紀年而廢淫祀折」(1898), 『變法
以致升平-康有爲文選』, 375쪽, 上海遠東出版社, 1997.

14_ 梁啓超, 「紀年公理」(1898), 35-37쪽.

15_ 梁啓超, 앞의 글, 35쪽, 37쪽.

16_ 康有爲, 『大同書』, 227쪽, 上海古籍出版社, 2005.

17_ 康有爲, 앞의 책, 88-89쪽 참고.

18_ "凡人服從君主之權勢, 不如服從敎主之道德, 且以敎主紀年, 於義最大, 於力
最省, 允爲宜也. 若中國旣非耶敎, 自宜以孔子紀年. 其無敎主而獨立之國, 若
日本之新立, 則以其初立國或以其初祖紀年, 雖無道德可稱, 亦於人之記憶爲
省, 勝於一君紀元者也. 從後百年, 君主當不現於大地上, 君主紀元之義, 不
俟大同世而先絶矣. 非文明大國, 亦必不能久存至於大同之世, 然則建國紀初

祖之義亦必不能存矣. 然則所存者惟教主紀元一義而已."(康有爲, 앞의 책, 89쪽.)

19_ "然諸教競爭, 各尊其教, 誰肯俯就? 人人各有自主之權·自由之理, 不能以多數勝少數論也. 若今日耶元之國, 至大至盛矣. 然十九世·二十世等字, 終非孔·佛·婆·回之敎之人所甘願."(康有爲, 앞의 책, 89쪽.)

20_ 梁啓超, 「中國史敍論」(1901), '第六節 紀年', 『飮氷室合集·飮氷室文集之六』, 7-8쪽.

21_ "故凡野蠻時代之符號, 必繁而雜, 凡文明時代之符號, 必簡而整. 百端皆然, 而紀年其一端也."(梁啓超, 앞의 글, 7쪽.)

22_ "吾中國向以帝王稱號爲紀, 一帝王死, 輒易其符號, 此爲最野蠻之法(秦漢以前各以其君主分紀之尤爲野蠻之野蠻), 於考史者最不便. 今試於數千年君主之年號, 任擧其一以質諸學者, 雖最淹博者亦不能具對也."(梁啓超, 앞의 글, 7-8쪽.)

23_ 梁啓超, 앞의 글, 8쪽.

24_ 梁啓超, 앞의 글, 8쪽.

25_ 徐剛, 이주노·김은희 옮김, 『양계초-중화 유신의 빛』, 228쪽, 이끌리오, 2008.

26_ 徐剛, 이주노·김은희 옮김, 앞의 책, 214쪽.

27_ 梁啓超, 「新史學」(1902), 『飮氷室合集·飮氷室文集之九』, 1쪽.

28_ "用此爲紀, 厥有四善. 符號簡, 記憶易, 一也. 不必依附民賊, 紛爭正閏, 二也. 孔子爲我國至聖, 紀之使人起尊崇敎主之念, 愛國思想, 亦油然而生, 三也. 國史之繁密而可紀者, 皆在孔子以後, 故用之甚便. 其在孔子前者, 則用西曆紀元前之例, 逆而數之. 其事不多, 不足爲病, 四也. 有此四者, 則孔子紀元, 殆可以俟諸百世而不惑矣."(梁啓超, 「新史學」, 32쪽.)

29_ 梁啓超,「中國積弱溯源論」(1900),『飮氷室合集·飮氷室文集之五』, 12-42쪽.

30_ 梁啓超,「新史學」, 3쪽.

31_ "民族者, 國民特立之性質也. 凡一民族, 不得不溯其起原, 爲吾四百兆漢種之鼻祖者誰乎? 是爲黃帝軒轅氏. 是則黃帝者, 乃制造文明之第一人, 而開四千年之化者也. 故欲繼黃帝之業, 當自用黃帝降生爲紀年始."(無畏(劉師培),「黃帝紀年論」(1903),『辛亥革命前十年間時論選集』第一卷, 721쪽, 北京:三聯書店, 1960.)『國民日日報匯編』에 실렸던 글로,『黃帝魂』에는「黃帝紀年說」이라는 제목으로 실렸다.

32_ "夫用黃帝紀年, 其善有三. 黃帝以前, 歷史事實少, 孔子以前, 歷史之事實多, 故以黃帝紀年, 則紀事一歸於簡便, 而無由後溯前之難, 其善一. 日本立國, 以神武天皇紀年, 所以溯立國之始也. 中國帝王, 雖屢易姓, 與日本萬世不易之君統不同, 然由古訖今, 凡漢族之主中國者, 孰非黃帝之苗裔乎! 故中國之有黃帝, 猶日本之有神武天皇也. 取法日本, 擇善而從, 其善二. 中國政體, 達於專制極點, 皆由於以天下爲君主私有也. 今紀年用黃帝, 則君主年號, 徒屬空文, 當王者貴之說, 將不擊而自破矣, 其善三."(劉師培, 앞의 글, 721쪽.)

33_ "嗚呼! 北敵蹈隙, 入主中華, 謂非古今來一大變遷耶! 故當漢族不絕如線之狀, 欲保漢族之生存, 必以尊黃帝爲急. 黃帝者漢族之黃帝也, 以之紀年, 可以發漢族民族之感覺. 偉哉黃帝之功! 美哉漢族之民! 黃帝降生四千六百一十四年閏五月十七日書."(劉師培, 앞의 글, 722쪽.)

34_ "以黃帝降生爲紀年, 使異俗殊方曉然於統系有歸而不容干瀆, 則夷承華統之禍, 潛滅於無形矣."(劉師培,『攘書』「胡史篇」(1903),『劉師培辛亥前文選』, 22쪽, 北京:三聯書店, 1998.)

35_ 章炳麟,「駁康有爲論革命書(駁康有爲書)」,『辛亥革命前十年間時論選集』第一卷, 北京:三聯書店, 1960.

36_ "當知中國者, 中國人之中國也. 中國之一塊土, 爲我始祖黃帝所遺傳. (…) 內爲滿洲人之奴隸, 受滿洲人之暴虐, 外受列國人之刺擊, 爲數重之奴隸, 將有亡種殄種之難者, 此吾黃帝神明之漢種, 今日倡革命獨立之原因也."(鄒容,『革命軍』(1903), 37쪽, 54쪽, 北京:華夏出版社, 2002.)

37_ "所以文明各國, 如有外種人要占他的國度, 他寧可全種戰死, 決不做外種的奴隸. (…) 只有中國人從來不知有種族的分別. (…) 漢種是一個大姓, 黃帝是一個大始祖, 凡不同漢種, 不是黃帝的子孫的, 統統都是外姓, 斷不可幇他的, 若幇了他, 是不要祖宗了. 是不要祖宗的人, 就是畜生. (…) 醒來! 醒來! 快快醒來! 快快醒來! 不要睡的像死人一般."(陳天華,『警世鍾』(1903),『猛回頭-陳天華·鄒容集』, 65-67쪽, 82쪽, 沈陽:遼寧人民出版社, 1994.)

38_ 이 단락의 내용은 沈松僑,「我以我血薦軒轅-黃帝神話與晚淸的國族建構」(1997)(『民族社會學硏究通訊』第65期, 18-19쪽, 2010.4.30)을 참고.

39_ 章炳麟,「『革命軍』序」(1903),『革命軍』, 2쪽, 北京:華夏出版社, 2002.

40_ 章太炎,「與錢玄同」(1906.12.30), 馬勇 編,『章太炎書信集』, 99쪽, 河北人民出版社, 2003.

41_ 錢玄同,「共和紀年說」(1910),『錢玄同文集(第二卷)』, 316-322쪽, 中國人民大學出版社, 1999.

42_ 1912년 1월 2일에 쑨원이 타전한 내용은 다음과 같다. "各省都督鑑: 中華民國改用陽曆, 以黃帝紀元四千六百九年卽辛亥十一月十三日, 爲中華民國元年元旦. 經由各省代表團議決, 由本總統頒行. 訂於陽曆正月十五日, 補祝新年. 請布告. 孫文."(「臨時大總統改曆改元通電」,『孫中山全集』第二卷, 5쪽, 北京:中華書局, 1982.)

43_「臨時大總統宣言書」,『孫中山全集』第二卷, 1-3쪽.

44_ 孫文,「在北京五族共和合進會與西北協進會演說」(1912),『孫中山全集』第二

卷, 438-439쪽.

45_ 孫文, 「在中國國民黨本部特設駐粤辦事處的演說」(1921), 『孫中山全集』第五卷, 473-474쪽.

46_ 梁啓超, 「政治學大家伯倫知理之學說」(1903), 『飮氷室合集·文集第2册(十三)』, 75-76쪽.

47_ 梁啓超, 「歷史上中國民族之觀察」(1905), 『飮氷室合集·專集第3册(四十一)』, 2쪽.

48_ 錢玄同, 「論中國當用世界公曆紀年」(1919), 『錢玄同文集(第一卷)』, 307-315쪽, 中國人民大學出版社, 1999. 1919년 11월 1일 『新靑年』 제6권 제6호에 발표했던 글이다.

49_ "名無固宜, 約之以命, 約定俗成謂之宜, 異於約則謂之不宜." (『荀子』 「正名」)

50_ 錢玄同, 「論中國當用世界公曆紀年」, 311-313쪽.

51_ 이상 다큐멘터리 〈황제〉에 관해서는 「大型人文紀錄片 『黃帝』 陝西開拍」(西安日報, 2010.11.25. http://epaper.xiancn.com)를 참조했다.

52_ 이하 이 단락에서 논의한 다큐멘터리 〈황제〉에 관해서는 「史詩片 『黃帝』 直擊淸明公祭 黃帝陵前拍撮」(北靑網, 2011.4.1. http://www.ynet.com)를 참조했다.

53_ 이상 이 단락에서 논의한 다큐멘터리 〈황제〉에 관해서는 「大型史詩紀錄片 〈黃帝〉完成拍撮 卽將亮相央視」(人民網, 2012.1.6. http://www.people.com.cn)를 참조했다.

54_ 이하 이 단락에서 논의한 다큐멘터리 〈황제〉에 관해서는 「大型史詩紀錄片 〈黃帝〉審片會在西安擧行」(中國網, 2012.1.10.)을 참조했다.

55_ CNC(China Xinhua News Network Corp)의 인터넷 TV(http://www.xhstv.com)를 통해 언제든 〈황제〉를 볼 수 있다.

56_ 이상 이 단락에서 논의한 2011년 산시에서의 황제 제사에 관해서는 「公祭軒
轅黃帝典禮今日擧行」(西安晚報, 2011.4.5. http://epaper.xiancn.com)을 참조
했다.

57_ 이상 이 단락에서 논의한 2012년 산시에서의 황제 제사에 관해서는 「壬辰年
淸明公祭軒轅黃帝典禮擧行」(西部網, 2012.4.4. http://www.cnwest.com)을 참
조했다.

58_ 「史詩紀錄片〈黃帝〉進入後期」, 飛象網, 2011.7.28. http://www.cctime.com

59_ 장즈유는 1903부터 1905년까지 「中國人種考」를 『新民叢報』에 연재했는데, 第
37期에서 라쿠페리의 『支那太古文明西元論』을 소개했다. 그 후 류스페이는
『中國民族志』(1903)에서, 장타이옌은 『訄書』「序種姓」(1904)에서, 타오청장은
『中國民族權力消長史』(1904)에서 각각 라쿠페리의 설을 지지하였다. 이에 대
해서는 다음 글에 자세히 소개되어 있다. 李帆, 「人種與文明: 拉克伯里(Ter-
rien de Lacouperie)學說傳入中國後的若干問題」, 西南民族大學學報(人文社科
版), 2008年 第2期.

60_ 梁啓超, 『論中國學術思想變遷之大勢』, 9쪽, 上海古籍出版社, 2001.

61_ Terrien de Lacouperie, *Western Origin of the Early Chinese Civilization from
2300 B.C. to 200 A.D.*, Osnabrück, Otto Zeller, 1966.(Reprint of the edi-
tion 1894) Ⅰ-Ⅻ까지 총 12개의 챕터로 구성된 이 책에서 황제의 이동과 관
련된 논의는 챕터 Ⅹ에 집중되어 있다.

62_ Duara, Pransenjit. 문명기·손승희 옮김, 『민족으로부터 역사를 구출하기-근
대 중국의 새로운 해석』, 243쪽, 삼인, 2004.

63_ 「牛河梁: 見證中華文明起源-訪中國考古學會常務理事·考古學家郭大順」, 遼
寧日報, 2006.6.6.

64_ 蘇秉琦, 「迎接中國考古學的新世紀」, 東南文化, 1993年 第1期. 邵望平·汪遵

國과의 대담록 형식으로 실려 있다.

65_ 이하 쑤빙치의 중국 문명기원 연구와 관련한 언급은 朱乃誠의 「蘇秉琦重建中國古史框架的努力和中國文明起源研究-蘇秉琦與中國文明起源研究之五」(『中原文物』, 30-37쪽, 2005年 第5期.)를 참조한 것이다.

66_ 이 다섯 개 주제의 전시 내용은 「遼河文明展與你相約遼博」(東北新聞網, 2006.5.29. http://www.nen.com.cn)라는 글에 자세히 소개되어 있다.

67_ 「紅山文化考古發現玉雕熊龍-有望解黃帝傳說謎團」, 北京青年報, 2005.10.25.

68_ 葉舒憲, 『熊圖騰: 中國祖先神話探源』, 上海:上海錦繡文章出版社, 2007.

69_ 葉舒憲, 앞의 책, 27쪽.

70_ 葉舒憲, 앞의 책, 28쪽.

71_ 葉舒憲, 앞의 책, 99쪽.

72_ 葉舒憲, 앞의 책, 197쪽.

73_ 葉舒憲, 앞의 책, 198쪽.

74_ 葉舒憲, 「中華文明探源的比較神話學視覺」, 『江西社會科學』, 2009年 第6期.

75_ 葉舒憲, 「本土文化自覺與'文學', '文學史'觀反思-西方知識範式對中國本土的創新與誤導」, 『文學評論』, 2008年 第6期.

76_ 高强·田延峰, 「試論淸末'黃帝子孫稱謂的勃興」, 40쪽, 寶鷄文理學院學報:社會科學版, 2000年 第3期.

77_ Carr, Edward Hallett, 김택현 옮김, 『역사란 무엇인가』, 36쪽, 까치글방, 2001.

78_ 우실하, 『동북공정 너머 요하문명론』, 316-317쪽, 소나무, 2007.

79_ 楊朴, 「中華民族八千年熊圖騰崇拜原型模式的重構-論『熊圖騰』的學術貢獻兼駁"黃帝族是檀君神話熊女族後裔"說」, 吉林師範大學學報(人文社會科學版),

2008年 第4期.

80_ 김선자, 「홍산문화의 황제 영역설에 대한 비판-곰 신화를 중심으로」, 『동북아 곰 신화와 중화주의 신화론 비판』, 동북아역사재단, 2009.

81_ 이하 '중국을 대표하는 문화상징' 관련 내용은 「中國文化符號排名的背後」(濟南日報, 2011.1.4.)를 참조했다.

82_ 이하 '공자학원'에 관한 내용은 「文化交流的'中國樣本'-探訪四國孔子學院」(人民日報, 2012.3.1.)을 참조했다.

83_ 湯一介, 「關於編纂『儒藏』的意義和幾點意見」, 中華讀書報, 2003.9.10.

84_ 「한국유교 관련 모든 기록 모은다」, 연합뉴스, 2011.6.14.

85_ 「성대-베이징대 유교서적 공동 편찬」, 연합뉴스, 2009.4.23.

86_ 「성균관대, 베이징대와 유교대장전 편찬 프로젝트 추진」, 헤럴드경제, 2010.4.1.

87_ Karen Armstrong, *The Great Transformation: The Beginning of Our Religious Traditions*, New York: Anchor Books, 2006.

88_ 「儒學研究院10年規劃, 『儒藏』面向世界」, 科學時報, 2010.7.8.

89_ 甘陽, 「新時代的通三統-三種傳統的融會與中華文明的復興」(2005.5.12.) 이 강연이 녹취 정리된 자료는 바이두百度(www.baidu.com)와 같은 중국 포털 사이트에서 쉽게 구할 수 있다.

90_ 甘陽, 「中國道路: 三十年與六十年」, 『讀書』, 3-13쪽, 2007年 第6期. 이는 간양이 2007년 3월, 한국 성균관대학교에서 열린 중국 개혁개방 관련 학술회의에서 발표했던 글이다.

91_ 이상 〈世紀大講堂〉의 두 차례 대담은 鳳凰網(http://ifeng.com)을 참조했다.

92_ 「中華人民共和國 國民經濟和社會發展第十二個五年規劃綱要」, 新華社, 20011.3.16.

93_ 賀桂梅, 「'文化自覺'與'中國'敍述」, 『天涯』, 2012年 第1期. 바로 앞 단락에서 언급한 중국 학계의 흐름도 이 글에 상세히 설명되어 있다.

94_ 陳志武, 『沒有中國模式這回事』, 臺北:八旗文化, 2010.

95_ 皮介行, 「建立以中國歷史文化爲主體的孔子紀年制度」(孔子 2553年 12月27日), 『臺灣時報副刊』, 2002. 中國儒學網(www.confuchina.com)에서 자료를 확보했다.

96_ 皮介行, 「再談中國文化主體與孔子紀年制度」(孔子 2558年 元月 18日), 『儒家郵報』, 2007年 第13期.

97_ 葛劍雄, 「今日中國該如何紀年」, 南方都市報, 2006.12.25.

98_ 이상 許文勝의 황제기년과 관련된 내용은 다음 기사를 참고했다. 「清華教授倡儀恢復'黃帝紀年', 復旦學者稱想法愚蠢」, 新民網 2007.2.2. (http://www.xinmin.cn)

99_ 許文勝, 「黃帝兩個偉大的文化遺産-從中華紀年到科技創新」(2008). 쉬원성의 블로그(blog.sina.com.cn/xuwensheng)에 강연록이 올라와 있다.

100_ 「知名學者許文勝'聖誕節'前再次呼籲恢復黃帝紀年」, 濟南時報, 2011.12.19.

101_ 余秋雨, 「把黃帝作爲一個文化座標」(2009). 河南省新鄭市人民政府 홈페이지인 黃帝故里·新鄭(www.xinzheng.gov.cn)에 강연록이 올라와 있다.

102_ Jacqueline de Bourgoing, 정숙현 옮김, 『달력-영원한 시간의 파수꾼』, 64쪽, 시공사, 2008.

『聖祖仁皇帝實錄』.

『淸史稿』「戴名世傳」.

『淸史稿』「趙申喬傳」.

戴名世, 「與余生書」, 『戴名世集』 卷一, 北京:中華書局, 2000.

蘇輿, 「『翼敎叢編』序」(1898), 葉德輝 編, 『翼敎叢編』, 臺北:文海出版社有限公司,
　　　民國60(1971).

文悌, 「文仲恭侍御嚴參康有爲摺」, 『翼敎叢編』 卷二.

葉德輝, 「正界篇序」, 『翼敎叢編』 卷四.

康有爲, 「請尊孔聖爲國敎, 立敎部敎會, 以孔子紀年而廢淫祀折」(1898), 『變法以致
　　　升平−康有爲文選』, 上海遠東出版社, 1997.

─── , 「答南北美洲諸華商論中國止可行立憲不可行革命書」(1902), 『變法以致升
　　　平−康有爲文選』.

─── , 『大同書』, 上海古籍出版社, 2005.

梁啓超, 「紀年公理」(1898), 『飮冰室合集·飮冰室文集之三』, 北京:中華書局, 1989.

─── , 「東籍月旦」(1899), 『飮冰室合集·飮冰室文集之四』.

─── , 「中國積弱溯源論」(1900), 『飮冰室合集·飮冰室文集之五』.

─── , 「中國史敍論」(1901), 『飮冰室合集·飮冰室文集之六』.

─── , 「新史學」(1902), 『飮冰室合集·飮冰室文集之九』.

─── , 「新中國未來記」(1902), 桂林:廣西師範大學出版社, 2008.

─── , 『論中國學術思想變遷之大勢』(1902), 上海古籍出版社, 2001.

———, 「政治學大家伯倫知理之學說」(1903), 『飲冰室合集‧文集第2册(十三)』.

———, 「歷史上中國民族之觀察」(1905), 『飲冰室合集‧專集第3册(四十一)』.

無畏(劉師培), 「黃帝紀年論」(1903), 『辛亥革命前十年間時論選集』第一卷, 北京:三聯書店, 1960.

———, 「攘書」「胡史篇」(1903), 『劉師培辛亥前文選』, 北京:三聯書店, 1998.

章炳麟, 「『革命軍』序」(1903), 鄒容, 『革命軍』, 北京:華夏出版社, 2002.

———, 「駁康有爲論革命書(駁康有爲書)」(1903), 『辛亥革命前十年間時論選集』第一卷, 北京:三聯書店, 1960.

鄒容, 『革命軍』(1903), 北京:華夏出版社, 2002.

陳天華, 『警世鍾』(1903), 『猛回頭‐陳天華‧鄒容集』, 沈陽:遼寧人民出版社, 1994.

魯迅, 「自題小像」(1903) 『魯迅集外集拾遺』, 北京:人民文學出版社, 2006.

章太炎, 「與錢玄同」(1906.12.30), 馬勇 編, 『章太炎書信集』, 河北人民出版社, 2003.

孫文, 「臨時大總統改曆改元通電」(1912), 『孫中山全集』第二卷. 北京:中華書局, 1982.

———, 「臨時大總統宣言書」(1912), 『孫中山全集』第二卷.

———, 「在北京五族共和合進會與西北協進會演說」(1912), 『孫中山全集』第二卷.

———, 「在中國國民黨本部特設駐粵辦事處的演說」(1921), 『孫中山全集』第五卷.

錢玄同, 「共和紀年說」(1910), 『錢玄同文集(第二卷)』, 中國人民大學出版社, 1999.

———, 「論中國當用世界公曆紀年」(1919), 『錢玄同文集(第一卷)』, 中國人民大學出版社, 1999.

胡思敬, 「戊戌履霜錄」, 『中國近代史資料叢刊‧戊戌變法』第1册, 上海人民出版社, 1957.

湯志鈞, 『戊戌變法史』, 北京:人民出版社, 1984.

陳志武, 『沒有中國模式這回事』, 臺北:八旗文化, 2010.

東野君, 『康熙 剛柔并濟治心之道』, 哈爾濱:黑龍江人民出版社, 2003.

費孝通, 「中華民族的多元一體格局」, 『中華民族多元一體格局』, 北京:中央民族學院
　　　出版社, 1989.

葉舒憲, 『熊圖騰: 中國祖先神話探源』, 上海:上海錦繡文章出版社, 2007.

趙汀陽, 『天下體系: 世界制度哲學導論』, 南京:江蘇敎育出版社, 2005.

蘇秉琦, 「迎接中國考古學的新世紀」, 『東南文化』, 1993年 第1期.

劉家齊, 「黃帝和夏朝年代考」, 『安徽史學』, 1994年 第2期.

倪民, 「黃帝紀元推算」, 『炎黃春秋』, 1995年 第1期.

王玉珠·劉春陽, 「從黃帝立國到西周末年的歷史紀年初探」, 『古籍整理研究學刊』,
　　　1995年 第5期.

陳瑞苗, 「中華文明史至今應爲5163年-從炎黃到西周紀年辨析」, 『紹興文理學院學
　　　報』, 1997年 第1期.

沈松僑, 「我以我血薦軒轅-黃帝神話與晚淸的國族建構」, 『臺灣社會研究季刊』 第
　　　28期, 1997.12.

高强·田延峰, 「試論淸末'黃帝子孫'稱謂的勃興」, 『寶鷄文理學院學報:社會科學版』,
　　　2000年 第3期.

張聞玉, 「辛亥革命後的黃帝紀元」, 『貴州社會科學』, 2002年 第1期.

皮介行, 「建立以中國歷史文化爲主體的孔子紀年制度」, 『臺灣時報副刊』, 2002.

──, 「再談中國文化主體與孔子紀年制度」, 『儒家郵報』, 2007年 第13期.

焦潤明·王建偉, 「晚淸'紀年'論爭之文化解讀」, 『遼寧大學學報(哲學社會科學版)』,
　　　2004年 第6期.

朱乃誠, 「蘇秉琦重建中國古史框架的努力和中國文明起源研究-蘇秉琦與中國文明
　　　起源研究之五」, 『中原文物』, 2005年 第5期.

王建偉, 「歷史資源與現實政治-以清季黃帝紀年與孔子紀年之爭爲例」, 『天府新論』, 2007年 第4期.

周到, 「讓紀元再現中國元素-關於恢復年號的倡議」, 『社會科學論壇(學術研究卷)』, 2007年 第9期.

甘陽, 「新時代的通三統-三種傳統的融會與中華文明的復興」, 2005.5.12.

——, 「中國道路: 三十年與六十年」, 『讀書』, 2007年 第6期.

——, '當代中國的思想解放'(2008), 鳳凰衛視(http://ifeng.com)〈世紀大講堂〉.

——, '富强與文雅'(2009), 鳳凰衛視(http://ifeng.com)〈世紀大講堂〉.

李帆, 「人種與文明: 拉克伯里(Terrien de Lacouperie)學說傳入中國後的若干問題」, 『西南民族大學學報(人文社科版)』, 2008年 第2期.

楊朴, 「中華民族八千年熊圖騰崇拜原型模式的重構-論『熊圖騰』的學術貢獻兼駁 "黃帝族是檀君神話熊女族後裔"說」, 吉林師範大學學報(人文社會科學版), 2008年 第4期.

葉舒憲, 「本土文化自覺與'文學', '文學史'觀反思-西方知識範式對中國本土的創新與誤導」, 『文學評論』, 2008年 第6期.

喻大華 · 姜虹, 「論晚清'孔子紀年'與'黃帝紀年'」, 『遼寧師範大學學報(社會科學版)』, 2009年 第3期.

葉舒憲, 「中華文明探源的比較神話學視覺」, 『江西社會科學』, 2009年 第6期.

朱文哲, 「清末'紀年'論爭的歷史考察」, 『甘肅聯合大學學報(社會科學版)』, 2009年 第6期.

庄秋水, 「新紀元: 孔子 黃帝 耶穌」, 『看歷史』, 2010年 第4期.

賀桂梅, 「'文化自覺'與'中國'敍述」, 『天涯』, 2012年 第1期.

湯一介, 「關於編纂『儒藏』的意義和幾點意見」, 中華讀書報, 2003.9.10.

「紅山文化考古發現玉雕熊龍-有望解黃帝傳說謎團」, 北京青年報, 2005.10.25.

「追溯中華文明發源的眞實脈絡:中華文明探源工程」, 中國靑年報, 2006.5.14.

「遼河文明展與你相約遼博」, 東北新聞網, 2006.5.29.

「牛河梁: 見證中華文明起源－訪中國考古學會常務理事·考古學家郭大順」, 遼寧日
報, 2006.6.6.

葛劍雄, 「今日中國該如何紀年」, 南方都市報, 2006.12.25.

許文勝, 「農民免費學儒與孔子紀年運動」, 新華網, 2007.7.17.

─── , 「黃帝兩個偉大的文化遺産－從中華紀年到科技創新」(2008). (http://blog.
sina.com.cn/xuwensheng)

「體專訪育史專家蘭鳳翱: 南開'奧運三問'懸疑解析」, 新郎網, 2007.9.20.

余秋雨, 「把黃帝作爲一個文化座標」(2009). (http://www.xinzheng.gov.cn)

「文化産業振興規劃」, 新華社, 2009.9.26.

「中國文化産業肩負着中國和平崛起的重大歷史使命」, 新聞中心－中國網,
2009.10.12.

「文化戰略彰顯中國和平崛起的軟實力」, 新聞中心－中國網, 2009.10.12.

「清代奇案回眸－康乾盛世裏的『南山集』案」, 上海法治報, 2010.1.6.

「儒學研究院10年規劃, 『儒藏』面向世界」, 科學時報, 2010.7.8.

「大型人文紀錄片〈黃帝〉這西開拍」, 西安日報, 2010.11.25.

「中國文化符號排名的背後」, 濟南日報, 2011.1.4.

「中華人民共和國 國民經濟和社會發展第十二個五年規劃綱要」, 新華社,
20011.3.16.

「史詩片〈黃帝〉直擊淸明公祭 黃帝陵前拍撮」, 北靑網, 2011.4.1.

「公祭軒轅黃帝典禮今日擧行」, 西安晚報, 2011.4.5.

「史詩紀錄片〈黃帝〉進入後期」, 飛象網, 2011.7.28.

「知名學者許文勝聖誕節前再一次呼吁恢復黃帝紀年」, 濟南時報, 2011.12.19.

「大型史詩紀錄片〈黃帝〉完成拍撮 卽將亮相央視」, 人民網, 2012.1.6.

「大型史詩紀錄片〈黃帝〉審片會在西安擧行」, 中國網, 2012.1.10.

「中國崛起負有文化使命」, 觀察者網, 2012.1.17.

「文化交流的'中國樣本'-探訪四國孔子學院」, 人民日報, 2012.3.1.

「壬辰年淸明公祭軒轅黃帝典禮擧行」, 西部網, 2012.4.4.

〈黃帝〉第1集-第6集, CCTV-9(2012.4.3~4.8), http://www.xhstv.com(2012.4.4~
    4.9)

우실하, 『동북공정 너머 요하문명론』, 소나무, 2007.

김선자, 「홍산문화의 황제 영역설에 대한 비판-곰 신화를 중심으로」, 『동북아 곰
    신화와 중화주의 신화론 비판』, 동북아역사재단, 2009.

李有鎭, 「신화와 역사 사이에서 司馬遷의 선택과 그 의미」, 『中國語文學論集』 第
    41號, 中國語文學硏究會, 2006.12.

──, 「중국(1793~2008), 그 정체성을 묻는다」, 『中國語文學論集』 第50號, 中國
    語文學硏究會, 2008.6.30.

──, 「중국 민족주의 담론으로서의 黃帝서사에 대한 계보학적 고찰」, 『中國語
    文學論集』 第57號, 中國語文學硏究會, 2009.8.31.

──, 「중국의 내셔널리즘 형성과 량치차오의 역사인식」, 『中國語文學論集』 第
    62號, 中國語文學硏究會, 2010.6.30.

──, 「민족의 역사를 시간화하는 방식의 의미-孔子紀年과 黃帝紀年을 중심으
    로」, 『中國語文學論集』 第68號, 中國語文學硏究會, 2011.6.30.

徐剛, 이주노·김은희 옮김, 『양계초-중화 유신의 빛』, 이끌리오, 2008.

Carr, Edward Hallett, 김택현 옮김, 『역사란 무엇인가』, 까치글방, 2001.

Duara, Pransenjit. 문명기·손승희 옮김, 『민족으로부터 역사를 구출하기-근대
    중국의 새로운 해석』, 삼인, 2004.

Friedman, Thomas L., 김상철·이윤섭 옮김, 『세계는 평평하다』, 창해, 2005.

Jacqueline de Bourgoing, 정숙현 옮김, 『달력─영원한 시간의 파수꾼』, 시공사, 2008.

Schmid, Andre, 정여울 옮김, 『제국 그 사이의 한국 1895-1919』, 휴머니스트, 2007.

Karen Armstrong, *The Great Transformation: The Beginning of Our Religious Traditions*, New York: Anchor Books, 2006.

Terrien de Lacouperie, *Western Origin of the Early Chinese Civilization from 2300 B.C. to 200 A.D.*, Osnabrück, Otto Zeller, 1966.(Reprint of the edition 1894)

「중국이 단군신화 빼앗아간다는 건 오해」, 중앙일보, 2009.9.19.

한국유경편찬센터 홈페이지(http://ygc.skku.edu)

아케이드 프로젝트 001
한손엔 공자, 한손엔 황제
ⓒ 이유진 2012

초판인쇄 | 2012년 8월 13일
초판발행 | 2012년 8월 20일

지은이 | 이유진
펴낸이 | 강성민
편   집 | 이은혜 박민수 김신식
마케팅 | 최현수
온라인 마케팅 | 김상만 이원주

펴낸곳 | (주)글항아리 출판등록 | 2009년 1월 19일 제406-2009-000002호

주소 | 413-756 경기도 파주시 문발동 파주출판도시 513-8
전자우편 | bookpot@hanmail.net
전화번호 | 031-955-8891(마케팅) | 031-955-2670(편집부)
팩스 | 031-955-2557

ISBN 978-89-6735-008-6 03900